普通高等教育创新型人才培养规划教材

U0838961

基础力学实验

秦莲芳　主编

顾晓辉　陈振中　参编

北京航空航天大学出版社

内 容 提 要

本书根据普通高等院校“材料力学”和“工程力学”课程教学的基本要求以及沈阳航空航天大学“材料力学”和“工程力学”课程的教学大纲要求和实验室仪器设备情况编写而成。本书详细阐述了“材料力学”和“工程力学”中材料的力学性能实验，是“材料力学”和“工程力学”理论教学的配套教材。书中主要介绍了材料的力学实验意义、误差分析和数据处理的基础知识及低碳钢和铸铁的拉伸、压缩、扭转实验，材料弹性常数 E、μ 的测定，梁弯曲正应力实验，弯扭组合变形实验，压杆稳定实验，超静定梁实验，常用力学符号、性能名称新旧标准对照表等内容。

本书可作为高等院校工科类专业“材料力学”和“工程力学”课程的实验教材教学使用。

图书在版编目(CIP)数据

基础力学实验 / 秦莲芳主编. -- 北京 : 北京航空航天大学出版社，2015.1

ISBN 978-7-5124-1642-0

Ⅰ. ① 基… Ⅱ. ①秦… Ⅲ. ①力学—实验 Ⅳ. ①O3-33

中国版本图书馆 CIP 数据核字(2014)第 276675 号

基础力学实验

秦莲芳 主编

顾晓辉 陈振中 参编

责任编辑 蔡 喆

*

北京航空航天大学出版社出版发行

北京市海淀区学院路 37 号(邮编 100191) http://www.buaapress.com.cn

发行部电话:(010)82317024 传真:(010)82328026

读者信箱: goodtextbook@126.com 邮购电话:(010)82316936

北京九州迅驰传媒文化有限公司印装 各地书店经销

*

开本:787×1 092 1/16 印张:6.25 字数:160 千字

2015 年 1 月第 1 版 2020 年 9 月第 6 次印刷 印数:7 808～9 308 册

ISBN 978-7-5124-1642-0 定价:19.00 元

前　　言

材料的力学实验是“材料力学”和“工程力学”课程教学中的一个重要环节。为提高学生的工程实践和创新思维能力，许多高校都在不断加大实验教学的改革力度。本书作者根据“材料力学”和“工程力学”课程教学的基本要求编写了《基础力学实验》这本教材，以适应实验教学改革的要求。本书可作为高等院校工科类学生“材料力学”和“工程力学”课程的实验教材教学使用。

全书共3章并附1个附录。第1章为绪论，讲述了材料的力学实验内容、方法和要求。第2章为基础力学实验，包括拉伸、压缩、扭转破坏性实验，材料弹性常数E、μ的测定，梁弯曲正应力实验，弯扭组合变形实验，压杆稳定实验，超静定梁实验等内容。其中梁弯曲正应力实验讲述了矩形梁、工字形梁及T形梁不同横截面形式梁在纯弯曲时正应力的测定，增强学生在不同的工程条件下分析问题、处理问题和解决问题的能力；弯扭组合变形实验、超静定梁实验为综合性、设计性实验，培养学生根据自己所掌握的实验知识自主设计实验方案等能力，并给学生充分的自由发挥空间，激发学生对实验的兴趣，提高学生综合素质。第3章为实验设备及测试原理，介绍了国内常用试验机、实验装置以及电阻应变仪等仪器设备的构造和操作规程，叙述了电测法及电测技术的基本原理。附录为力学符号、性能名称新旧标准对照表，使学生更好地了解掌握常用力学符号、性能名称新旧标准的差异，同时培养学生贯彻执行新标准的意识。

本书由沈阳航空航天大学秦莲芳主编，顾晓辉、陈振中老师参加了本书部分内容的编写工作，刘欣、滕英元老师及北京航空航天大学出版社理工图书分社的编辑老师对本书提出了许多宝贵意见，在此表示衷心的感谢！

由于我们水平有限，本书中难免有缺点和错误，敬请广大师生和读者批评指正。

编　者

2014年11月于沈阳

目　　录

第1章 绪 论

1.1 实验的意义和内容

一、实验的意义

材料的力学实验是相关专业教学中的一个重要环节。材料的力学结论及定律、材料的力学性能等，都要通过实验来验证或测定；工程上各种复杂构件的强度和刚度的研究，也需要通过实验才能解决。所以材料的力学实验不仅丰富了学生的书本知识，而且增强了学生的实践能力，更重要的是提高了学生应用实验手段与方法分析、研究和解决工程问题的能力。

二、实验的内容

1. 测定材料的力学性能。材料的力学性能通常是通过拉伸、压缩、扭转等实验来测定的。通过这些实验，学会测试材料力学性能的基本方法。在工程上，各种材料的力学性能是设计构件时不可缺少的依据。

2. 验证理论公式的正确性。在理论分析中，将实际问题抽象为理想模型，并做出某些科学假设(如纯弯曲时的平面假设等)，使问题简化，从而推出一般性结论和公式，这是理论研究中常用的方法。但是这些假设和结论是否正确，理论公式是否能应用于实际之中，必须通过实验来验证。

3. 实验应力分析。在工程实践中，很多构件的形状和受载情况比较复杂，单纯依靠理论计算不易得到正确的结果，必须用实验的方法来了解构件的应力分布规律，从而解决强度问题，这种方法称为实验应力分析。

经过材料的力学实验课程教学，使学生熟悉并了解常用实验仪器及设备的工作原理和使用方法，掌握基本的力学测试技术，加深对理论知识的理解，培养学生对理论课程的学习兴趣，使实验教学与理论教学既有机结合又相对独立，达到实验教学与理论教学的和谐统一。

1.2　实验须知

1. 实验前必须做好预习，了解实验的目的、原理、方法和步骤，写出实验预习报告，于实验课开始之前交指导教师。

2. 按预约实验时间准时进入实验室。凡不交实验预习报告或上课迟到者，一律不得参加当次实验，实验课开始时指导教师应对预习情况进行检查。

3. 实验时应严格遵守操作规程，注意安全。如实验中实验仪器、设备、试件、工具等发生故障，应立即向指导教师报告，及时检查，排除故障后，方能继续实验。

4. 实验进行中，要认真操作，仔细观察各种现象，如实记录数据，积极思考分析。对于由两人以上共同完成的实验要明确分工，努力培养合作能力。

5. 记录的实验数据经指导教师认可后方为有效。实验结束后应及时编写实验报告，对于不符合要求的实验报告予以退回重做。

6. 杜绝抄袭他人的实验报告及替做实验行为，一经发现，对抄袭、被抄袭他人实验报告者及应做、替做实验者的实验成绩一律按不及格评分。

7. 保持实验室整洁，爱护仪器、设备、工具等。实验结束后，将所用仪器设备复原，清理实验现场，经指导教师检查后方可离开实验室。

1.3　实验报告要求

实验报告是实验者最后交出的成果，是实验资料的总结。实验报告一般应包括下列内容：

1. 实验名称、实验日期、实验者及组员姓名。
2. 实验目的。
3. 绘制实验装置简图，并注明使用仪器、设备的名称和编号。
4. 实验原理的简述。
5. 实验步骤。
6. 实验结果的处理：

(1) 实验数据用表格形式记录；

(2) 计算中所用公式应明确列出，实验数据代入公式中，计算过程清楚，数据处理真实、准确；

(3) 曲线、图形要求正确、整洁；

(4) 实验数据的误差分析讨论；

(5) 实验结果用国际单位制表示；

(6) 回答思考题；

(7) 文字说明通顺，书写工整。

1.4 误差分析及数据处理简介

一、误差的概念及分类

实验中,依靠各种仪表、量具测量某个物理量时,由于主客观原因,总不可能测得该物理量的真值,即在测量中存在着误差。若对实验数据取舍和误差分析得当,则一方面可以避免不必要的误差,另一方面可以正确地处理测量数据,使其最大限度地接近真值。

测量误差根据其产生原因和性质可以分为系统误差、过失误差和随机误差。实验时,必须明确自己所使用的仪器、量具本身的精度,创造良好的环境条件,认真细致地工作,这样就可使误差控制在最小程度。

二、系统误差的消除方法

分析实验中的具体情况,可以尽可能地减小甚至消除系统误差。常用的方法有:对称法、校正法、增量法。

1. 对称法。材料的力学实验中所采用的对称法包括两类:对称读数、加载对称。

(1) 对称读数。例如在电测实验中,在试件对称部位分别粘贴应变片,采用相应的组桥方式,可以消除加载偏心造成的影响。

(2) 加载对称。在加载和卸载时分别读数,这样可以发现可能出现的残余应力、应变,减小过失误差。

2. 校正法。经常对实验仪器、仪表进行校正,以减小因仪器、仪表不准所造成的系统误差。

3. 增量法(逐级加载法)。当需要测量某杆件的变形或应变时,在比例极限内,载荷由 F_1 增加到 $F_2, F_3, \cdots, F_n$,在测量仪表上,便可以读出各级载荷所对应的读数 $A_1, A_2, A_3, \cdots, A_i$。$\Delta A = A_i - A_{i-1}$ 称为读数差。各个读数的平均值就是当载荷增加 ΔF(通常载荷都是等量增减)时的平均变形或应变。

增量法可以避免某些系统误差的影响。例如:试验机如果有摩擦力 F_f(常量)存在,则每次施加于试件上的真实力为 $F_1+F_f, F_2+F_f \cdots$。再取其增量 $\Delta F=(F_2+F_f)-(F_1+F_f)=F_2-F_1$,摩擦力 F_f 消除了。如果采用增量法,而实验过程中自始至终又都是同一个人读数,个人的偏向所带来的系统误差也可以消除。

实验过程中,记录人员如果随时仔细计算先后两次读数差,还可以消除由于实验者粗心所导致的过失误差。

材料的力学实验中,通常采用增量法。

三、实验数据处理的规定

1. 读数规定

从仪表或量具上读出的标度值是实验的原始数据，要认真对待，如实地记录下来，不得进行任何加工处理。

2. 数据取舍规定

明显不合理的实验结果通常称为异常数据。例如：外载增加了，变形反而减小；理论上应为拉应力的区域测出为压应力等。这种异常数据往往由过失误差造成，发生这种情况时首先找出数据异常的原因，再重新进行测试。对于明显不合理数据产生的原因也应在实验报告中进行分析讨论。

3. 实验结果运算规定

1）实验结果运算遵循有效数字的计算规则。

（1）加减法运算时，各位所保留的小数点后的位数应与各数中小数点后位数最少的相同。例如：

$$8.436+0.0072+13.49$$

应写为

$$8.44+0.01+13.49=21.94$$

而不应算成 21.9332。

（2）乘除法时，各因子保留的位数以有效数字最少的为准，所得积或商的准确度不应高于准确度最低的因子。

（3）大于或等于四个数据计算平均值时，有效数增加一位。

2）实验结果用国际单位制表示。

3）对于理论值的验证实验，应计算实验值和理论值之间的相对误差。

$$\text{相对误差}(\delta)=\left|\frac{\text{理论值}-\text{实验值}}{\text{理论值}}\right|\times 100\%$$

若理论值为零，计算误差时采用绝对误差。

$$\text{绝对误差}(\Delta)=|\text{理论值}-\text{实验值}|$$

第 2 章　基础力学实验

2.1　拉伸、压缩破坏实验

一、实验目的

1. 观察分析低碳钢和铸铁的拉伸、压缩过程及破坏形式，比较其力学性能。

2. 测定低碳钢在拉伸时的屈服强度、抗拉强度、伸长率、断面收缩率和铸铁在拉伸时的抗拉强度。

3. 了解试验机的构造原理，掌握试验机操作使用方法。

二、实验设备与量具

1. 微机控制电子万能试验机。

2. 游标卡尺等。

三、试　件

试件的尺寸和形状对试验结果影响较大。为了便于比较各种材料的力学性能，对试件的尺寸和形状国家标准中有统一规定。本实验的拉伸试件采用 GB/T 228—2002《金属材料　室温拉伸试验方法》所规定的圆柱形比例试件，如图 2.1 所示，试验段的直径 $d=10$ mm，标距 $L_o=10d$ 或 $L_o=5d$，两端较粗部分是夹持段，安装于试验机夹头中，试件两端头部之间平行部分的长度为平行长度 L_c，平行长度 $L_c \geqslant L_o+d/2$。压缩试件采用 GB/T 7314—2005《金属材料　室温压缩试验方法》所规定的圆柱体，如图 2.2 所示，直径 $d=15$ mm，长度 $L=22$ mm。

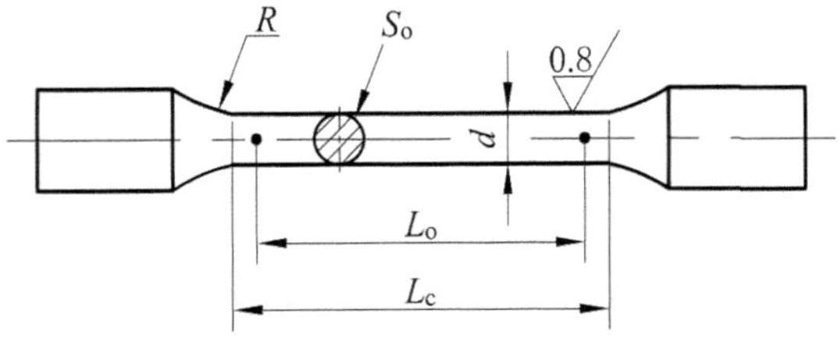

图 2.1　拉伸试件

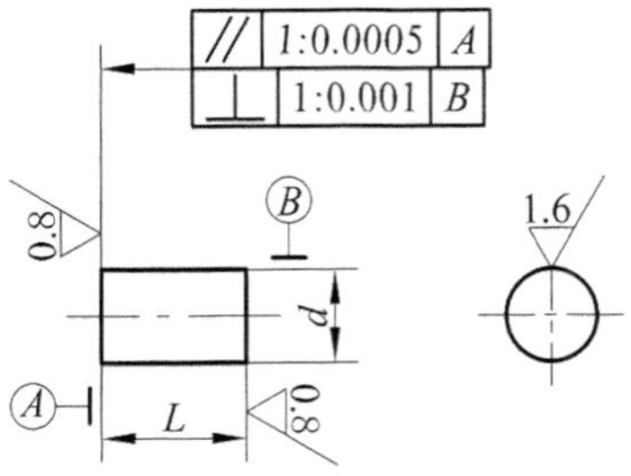

图 2.2　压缩试件

四、实验原理

塑性材料与脆性材料在拉伸过程中有明显不同的力学现象。

图 2.3 表示低碳钢的拉伸过程曲线。拉伸过程由弹性变形阶段 OA、塑性屈服阶段 AC、强化阶段 CD、局部颈缩阶段 DE 组成。弹性阶段 OA 没有任何残余变形，载荷与变形是成比例同时存在的；屈服阶段 AC 呈锯齿形，上屈服点 A 对应的上屈服载荷 F_{eH} 受变形速度和试件形状等因素的影响较大，而下屈服点 B 对应的下屈服载荷 F_{eL} 则比较稳定，故工程上以 B 点对应的载荷作为材料屈服时的载荷。试件拉伸达到最大载荷 F_m 之前，在标距范围内的变形是均匀的；从最大载荷开始，出现局部伸长加快和颈缩；由于颈缩处的横截面面积迅速减小，以同样的位移速度继续拉伸所需的载荷也相应地变小，直至 E 点断裂为止。

注：上屈服载荷是试件发生屈服，而力首次下降前的最大载荷；下屈服载荷是试件发生屈服，不计初始瞬时效应时的最小载荷。

图 2.4 表示铸铁的拉伸过程曲线。它的特点是在很小的应力下就不是直线，在没有明显的塑性变形下断裂，并且断口平齐。

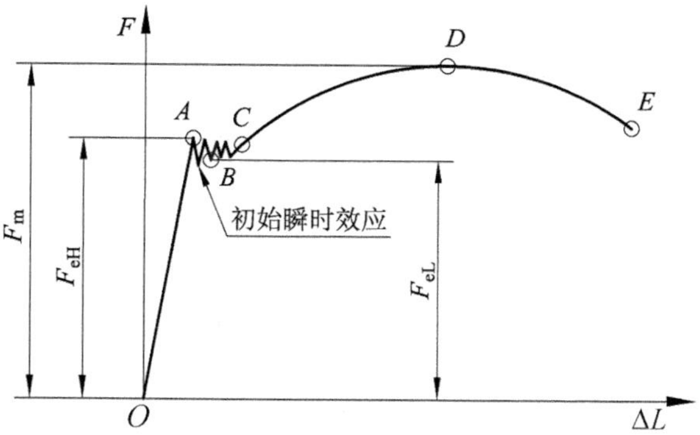

图 2.3　低碳钢拉伸曲线

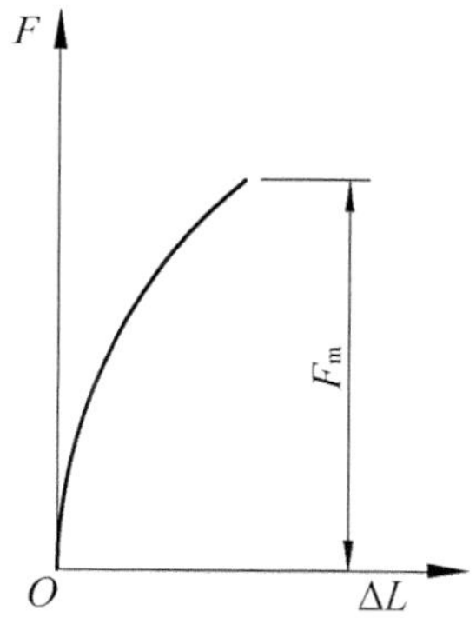

图 2.4　铸铁拉伸曲线

低碳钢试件压缩时有较短的屈服阶段，过了屈服阶段，试件随压力的增大而明显地产生较大的塑性变形，愈压愈扁，横截面面积逐渐增大，但试件不可能压破坏，则测试不到材料压缩时的抗压强度。故对低碳钢试件压缩过屈服，并呈明显的鼓状后，即可卸载取下试件。图 2.5 表示低碳钢的压缩过程曲线。

图 2.6 表示铸铁的压缩过程曲线。铸铁试件受轴向压加载时，当达到最大载荷前，出现较明显的变形，随之破裂。因在 45°斜截面上作用着数值最大的切应力，断裂后，其断口与轴线大致呈 45°角。

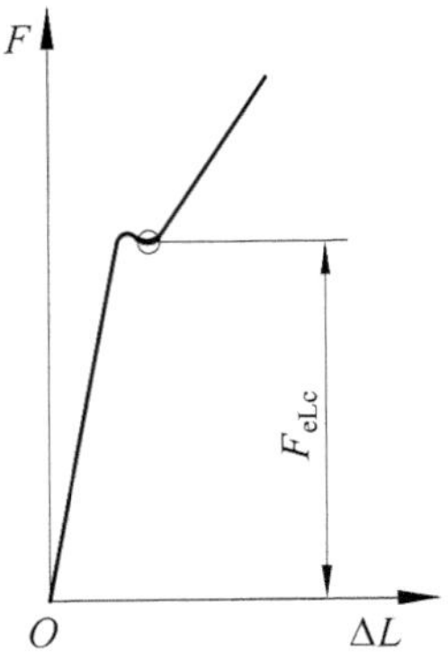

图 2.5　低碳钢压缩曲线

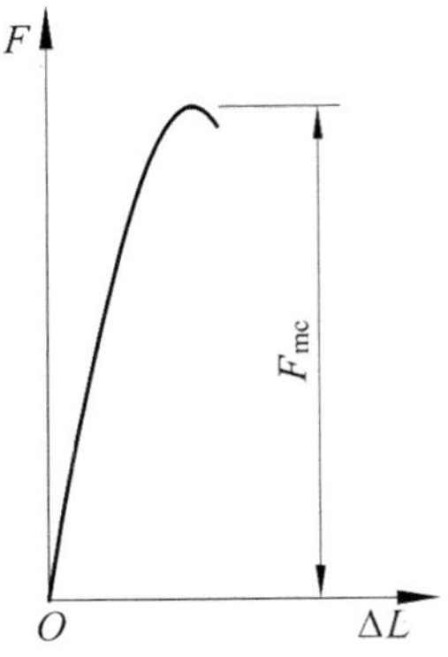

图 2.6　铸铁压缩曲线

五、实验步骤

1. 试件准备

(1) 根据敲击声音、表面亮度，选择低碳钢和铸铁拉伸、压缩试件。用游标卡尺测量拉伸试件标距两端及中间三个横截面处的直径，并在每一横截面处的互相垂直方向各测一次取其平均值，用最小平均直径计算试件的原始横截面面积 S_o。

(2) 用刻度板在低碳钢拉伸试件标距 L_o 范围内每隔 10 mm 打一标记，将标距 L_o 分成 10 格。

2. 试验机准备

(1) 检查各电缆连接是否完好，限位装置是否正常。

(2) 首先打开主机，然后打开控制器，通电预热 15 分钟。

(3) 打开计算机，运行试验程序。

3. 操作步骤

(1) 进行试验方式、试验参数设置及试验数据选择。

注意：试验速度的设置。

(2) 安装试件。通过操作盒调节机器横梁升降，使之适合拉伸或压缩实验要求。调整时注意观察横梁与下工作台间的空余距离，严防过载，损坏机器。

注意：① 拉伸时先夹紧试件上端，调节机器横梁于合适位置后，再夹紧试件下端。夹具夹持试件的长度应不小于夹块长度的 $\frac{3}{4}$。

② 压缩时将试件放在试验机球形支座的中心处，调节机器横梁于合适位置。

(3) 正式加载。观察实验现象。

注意：① 低碳钢压缩时，超过屈服阶段，呈明显的鼓状后，即可停止实验。

② 铸铁压缩时，不要靠近试件探望，以防试件破坏时碎片飞出伤人。

(4) 打印实验报告。

(5) 卸下试件。观察断口形状。

如果低碳钢拉伸试件断口在试件标距中间三分之一处，则将拉伸断裂试件的两段对齐并尽量挤紧，测量断裂后的标距 L_u、断口（颈缩）处的直径 d_u（垂直两次测量），并计算断口处最小

横截面面积 S_u。当断口不在标距中间三分之一区间内，则需要按下述断口移中方法测定断裂后的标距 L_u。

在长段上从断口 O 处取基本等于短段的格数得 B 点。若长段所余格数为偶数，如图 2.7(a)所示，取其一半得 C 点，则 $L_u = AB + 2BC$；若长段所余格数为奇数，如图 2.7(b)所示，分别取所余格数减一格后的二分之一得 C 点和所余格数加一格后的二分之一得 D 点，则 $L_u = AB + BC + BD$；当断口在标距以外时，实验结果无效。

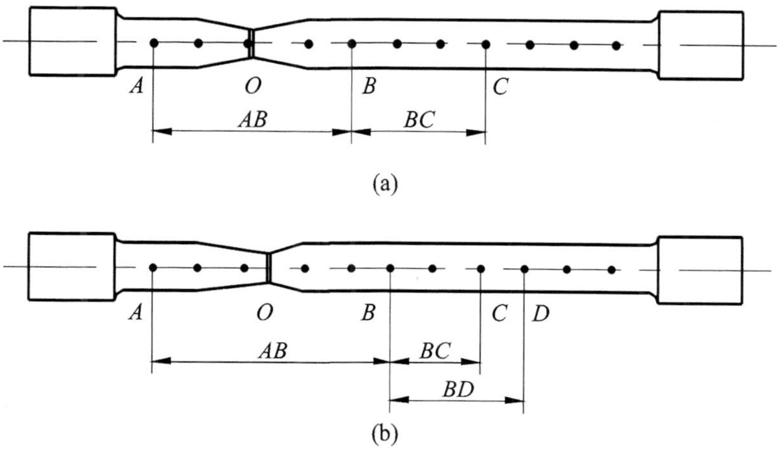

图 2.7　断口移中法确定伸长率示意图

六、实验数据记录

表 2.1　拉伸试件测量值

材　料	标距 L_0/mm	实验前直径 d/mm									最小平均直径 d/mm
		横截面Ⅰ			横截面Ⅱ			横截面Ⅲ			
		1	2	平均	1	2	平均	1	2	平均	
低碳钢											
铸　铁											

表 2.2　拉伸试件实验值

材　料	下屈服载荷 F_{eL}/kN	最大载荷 F_m/kN
低碳钢		
铸　铁	—	

表 2.3　低碳钢拉伸试件断后测量值

材　料	断后标距 L_u/mm	实验后断口直径 d_u/mm		
		1	2	平均
低碳钢				

表 2.4　压缩试件破坏形式简图

材　料	
低碳钢	铸　铁

七、实验结果处理

1. 计算低碳钢在拉伸时的下屈服强度 R_{eL}、抗拉强度 R_m、伸长率 A 和断面收缩率 Z，其值分别为：

$$R_{eL}=\frac{F_{eL}}{S_o},\ R_m=\frac{F_m}{S_o},\ A=\frac{L_u-L_o}{L_o}\times 100\%,\ Z=\frac{S_o-S_u}{S_o}\times 100\%。$$

2. 计算铸铁在拉伸时的抗拉强度 R_m；其值为：$R_m=\frac{F_m}{S_o}$。

3. 在同一坐标系中绘制低碳钢和铸铁拉伸曲线 $F-\Delta L$ 图，并标注下屈服载荷 F_{eL}、最大载荷 F_m 值。

八、思考题

1. 分析低碳钢和铸铁在拉伸、压缩时的力学性能。
2. 材料和直径相同而标距分别为 $5d$ 和 $10d$ 的两种试件其伸长率是否相同？为什么？

2.2　拉伸时材料弹性常数 E、μ 的测定

一、实验目的

1. 验证胡克定律,测定低碳钢的弹性模量与泊松比。
2. 掌握电测法的基本原理及电阻应变仪的使用方法。

二、实验设备与量具

1. 材料力学多功能实验台。
2. 电阻应变仪。
3. 矩形试件实验装置、温度补偿片、游标卡尺等。

三、试　件

本实验采用 45 钢矩形试件,在试件轴线中部位置沿纵向与横向分别粘贴四枚电阻应变片,另在试件不受力区粘贴两枚温度补偿片,如图 2.8 和图 2.9 所示。

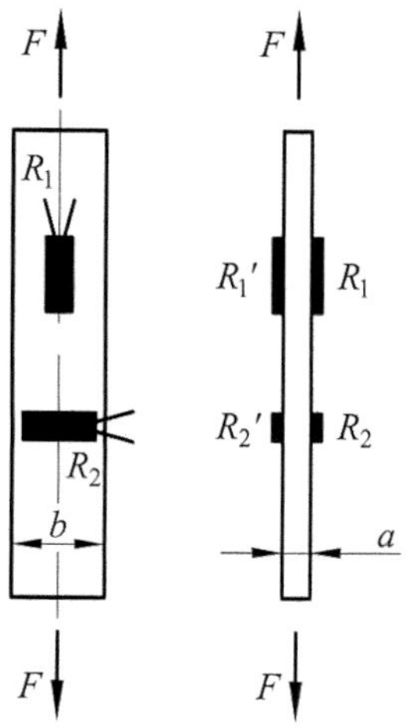

图 2.8　试件形状及布片图

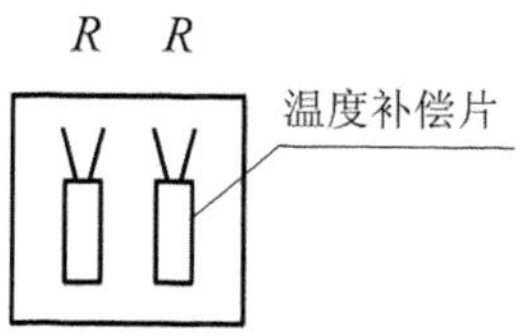

图 2.9　温度补偿块

四、实验原理

测定钢材的弹性模量 E、泊松比 μ,采用在比例极限内的拉伸试验。钢材在比例极限内服从胡克定律,试件拉伸时,变形 ΔL 与拉伸载荷 F 其关系式为:

$$\Delta L = \frac{FL}{ES} \tag{2.1}$$

式中:L—— 试件标距;S—— 试件横截面面积。

由式(2.1)可得:

$$E = \frac{F}{\varepsilon S} = \frac{\sigma}{\varepsilon} \tag{2.2}$$

实验采用图 2.10 所示的全桥接线法。当试件受力变形后，电阻应变片的阻值将随之产生相应的改变，通过电阻应变仪测出应变 ε 值。

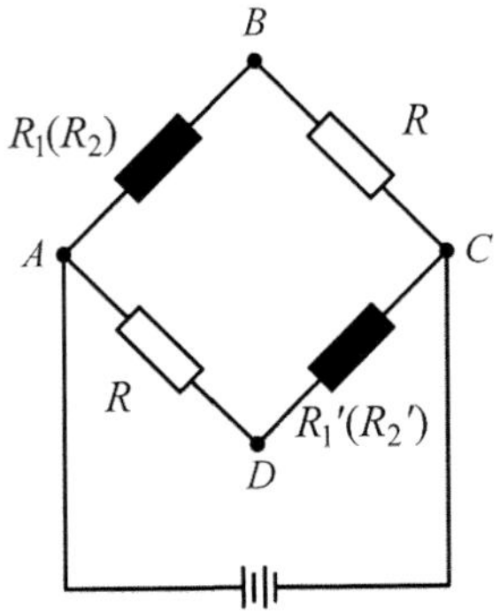

图 2.10　全桥接线

为了验证胡克定律和尽可能地缩小测量误差，采用增量法。即把欲加的最终载荷分成若干等分，逐级加载来测量试件的变形，若每增加一级载荷 ΔF，由电阻应变仪测出相应的应变增量 $\Delta\varepsilon$ 大致相等，便验证了胡克定律，则式(2.2)可改写为：

$$E = \frac{\Delta F/S}{\Delta\varepsilon} = \frac{\Delta\sigma}{\Delta\varepsilon} \tag{2.3}$$

受拉试件轴向伸长，必然引起横向缩短。在每级载荷下，同时测出纵向应变 $\varepsilon_{纵}$ 值和横向应变 $\varepsilon_{横}$ 值。实验表明，在弹性范围内，两者之比为一常数，该常数称为泊松比或横向变形系数，则泊松比 μ 为：

$$\mu = \left|\frac{\overline{\Delta\varepsilon_{横}}}{\overline{\Delta\varepsilon_{纵}}}\right| \tag{2.4}$$

五、实验步骤

1. 测量试件

在试件标距范围内，测量试件厚度 a、宽度 b，计算试件的横截面面积 S。

2. 拟定加载方案

根据试件的屈服强度和截面积，估算实测时能施加的最大载荷 F_m，选取适当的初载荷 F_0(通常取 $F_0=10\%F_m$)，确定载荷级数 n 及每级载荷增量 ΔF。

3. 调整实验加载装置。

4. 接线、调试仪器

按图 2.10 所示的全桥接线法，将电阻应变片引出线连接到电阻应变仪上，调试仪器，检查整个系统是否处于正常工作状态。

5. 加载测试

缓慢匀速加载至初载荷 F_0，记录各点应变的初始读数；然后分级等增量加载，记录各次加载所测得的纵、横向应变值，直到最终载荷。随时计算先后两次读数差值，以判断工作是否正常，如发现问题，找出原因，并采取相应措施。

6. 完成实验后，卸掉载荷，将所用仪器设备复原，清理实验现场。

六、实验数据记录

表 2.5　实验值

应变 $\varepsilon/\mu\varepsilon$ 载荷 F/N	全　桥			
	$\varepsilon_{纵}$	$\Delta\varepsilon_{纵}$	$\varepsilon_{横}$	$\Delta\varepsilon_{横}$
$F_0=$				
$F_1=F_0+\Delta F=$				
$F_2=F_1+\Delta F=$				
$F_3=F_2+\Delta F=$				
$F_4=F_3+\Delta F=$				
$F_5=F_4+\Delta F=$				
$\overline{\Delta\varepsilon}$				

七、实验结果处理

1. 根据实验记录数据，计算纵向弹性模量 E 值及泊松比 μ 值。

2. 比较弹性模量 E 值及泊松比 μ 值的实测值与理论值，分别计算其相对误差。($E_{理}=210$ GPa，$\mu_{理}=0.28$)

3. 根据测试过程中的每次加载所得的纵向应变读数值绘制 $\sigma-\varepsilon$ 曲线(纵坐标表示正应力 σ，横坐标表示应变 ε)。

八、思考题

1. 测定弹性模量 E 和泊松比 μ 时，如果不加初载荷或初载荷不够大时，对实验结果会产生什么影响？

2. 分级次等增量逐级加大载荷测试的意义是什么？

3. 实验产生误差的主要因素是什么？

2.3　扭转破坏实验

一、实验目的

1. 观察分析低碳钢和铸铁的扭转过程及破坏形式，比较其力学性能。
2. 测定低碳钢在扭转时的屈服强度、抗扭强度和铸铁在扭转时抗扭强度。
3. 了解扭转试验机的构造原理，掌握试验机操作使用方法。

二、实验设备与量具

1. 微机控制电子扭转试验机。
2. 游标卡尺等。

三、试　件

本实验的扭转试件采用 GB/T 10128—2007《金属材料　室温扭转试验方法》所规定的圆柱形比例试件，如图 2.11 所示，试验段的直径 $d=10$ mm，标距 $L_o=10d$，两端较粗部分是夹持段，安装于试验机夹头中，试件两端头部之间平行部分的长度为平行长度 L_c，平行长度 $L_c \geqslant L_o+2d$。

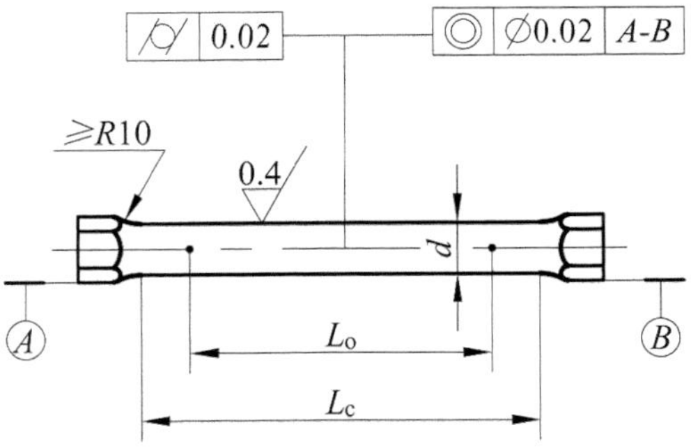

图 2.11　扭转试件

四、实验原理

圆轴承受扭转时，横截面边缘上任一点处于纯剪切应力状态，如图 2.12 所示。由于纯剪切应力状态是属于二向应力状态，两个主应力的绝对值相等，大小等于横截面上该点处的切应力，主应力与轴线成 45°角。圆轴扭转时横截面上有最大切应力，而 45°斜截面上有最大拉应力。由于低碳钢的抗扭强度低于抗拉强度，试件横截面上的最大切应力引起沿横截面剪断破坏，断口垂直于轴线，扭转过程曲线如图 2.13 所示。而铸铁抗拉强度低于抗扭强度，试件由与轴线成 45°的斜截面上的主应力引起拉断破坏，断口大致呈 45°螺旋面，扭转过程曲线如图 2.14 所示。

在图 2.13 表示低碳钢的扭转过程曲线中，直线段 OA 表明试件在扭矩 T 小于比例极限相对应的扭矩 T_p 时，材料完全处于弹性阶段，扭矩 T 与扭转角 ϕ 成比例，横截面上的切应力呈线性分布，材料服从胡克定律，如图 2.15(a)所示。当扭矩 T 达到 T_p 时，试件表面开始屈服。

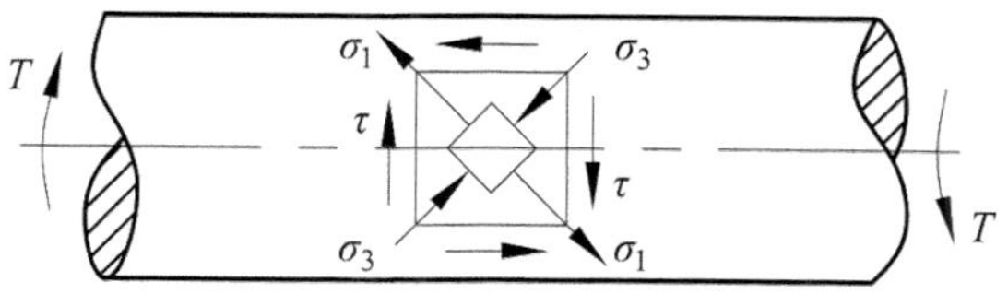

图 2.12　纯剪切应力状态

当扭矩 T 超过 T_P 后，横截面上的切应力分布发生变化，呈非线性分布，如图 2.15(b)所示，在试件的横截面上形成了一个环形塑性区，并随着扭矩 T 的增加。塑性区逐渐向圆心扩展，直至整个横截面完全达到屈服状态，如图 2.15(c)所示。

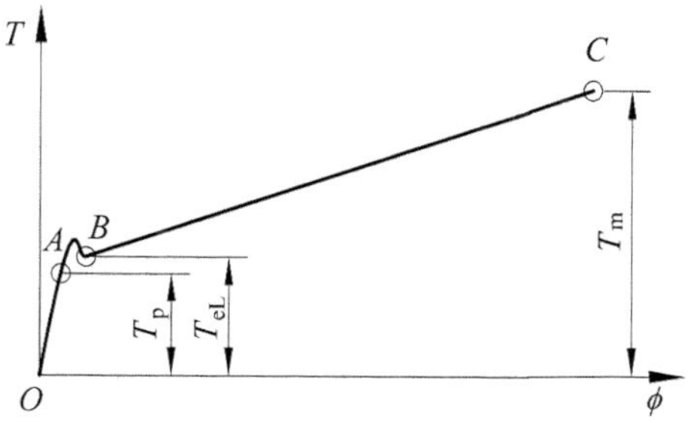

图 2.13　低碳钢扭转过程曲线

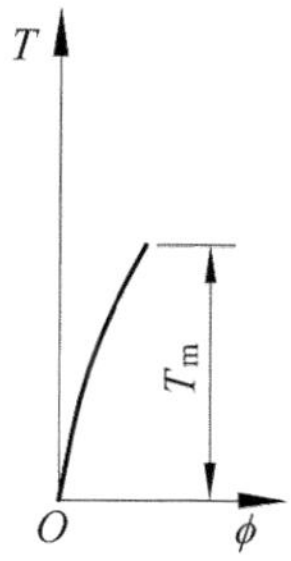

图 2.14　铸铁扭转过程曲线

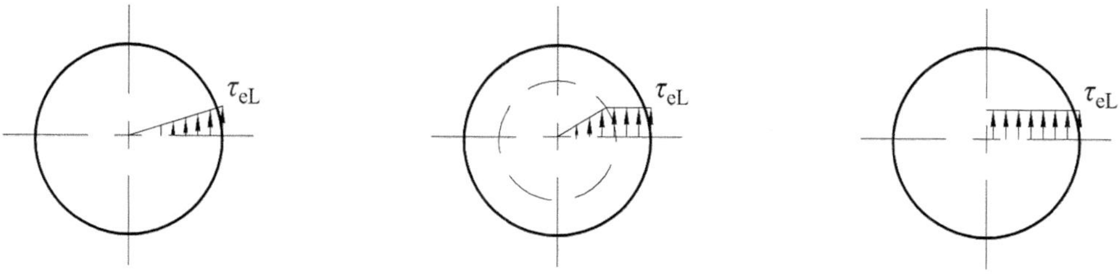

(a) $T<T_p$时切应力分布图　(b) $T_p<T<T_{eL}$时切应力分布图　(c) $T=T_{eL}$时切应力分布图

图 2.15　试件横截面上切应力分布图

在屈服阶段，扭矩基本不动或呈下降趋势的轻微波动，而扭转变形继续增加，当试件发生屈服而扭矩首次下降前的最大扭矩为上屈服扭矩 T_{eH}；屈服期间的最小扭矩为下屈服扭矩 T_{eL}。下屈服扭矩比较稳定，工程上采用下屈服扭矩作为材料屈服时的扭矩。

根据静力平衡条件，可以求得下屈服强度 τ_{eL} 与 T_{eL} 的关系为：

$$T_{eL} = \int_S \rho \tau_{eL} \mathrm{d}S$$

式中：ρ——截面上点到圆心的距离。

将式中微分面积 dS 用环形面积元素 $2\pi\rho\mathrm{d}\rho$ 表示，则有

$$T_{eL} = \int_0^{\frac{d}{2}} 2\pi\tau_{eL}\rho^2 \mathrm{d}\rho = \frac{\pi d^3}{12}\tau_{eL} = \frac{4}{3}W\tau_{eL}$$

故下屈服强度为：

$$\tau_{eL} = \frac{3}{4} \cdot \frac{T_{eL}}{W} \tag{2.5}$$

式中：$W = \frac{\pi d^3}{16}$ 为试件的抗扭截面系数。

试件再继续变形，材料进一步强化。从图 2.13 看出，当扭矩 T 超过下屈服扭矩 T_{eL}后，扭转角 ϕ 增加很快，而扭矩 T 增加很小，BC 近似一根不通过坐标原点的直线，当达到扭转图上 C 点最大扭矩 T_m 时，试件被剪断，沿横截面断开。与式(2.5)相似，可得抗扭强度为：

$$\tau_m = \frac{3}{4} \cdot \frac{T_m}{W} \tag{2.6}$$

为了试验结果相互之间的可比性，根据国标 GB/T 10128—2007《金属材料　室温扭转试验方法》规定，低碳钢下屈服强度 τ_{eL} 和抗扭强度 τ_m 均按弹性应力公式计算。即

$$\tau_{eL} = \frac{T_{eL}}{W}, \qquad \tau_m = \frac{T_m}{W} \tag{2.7}$$

图 2.14 表示铸铁的扭转过程曲线。试件从开始受扭转，直至破坏，无塑性变形。试件沿着与轴线大致呈 45°的螺旋线拉断。在计算抗扭强度时，将曲线近似为一条直线，近似地按弹性应力公式计算。即

$$\tau_m = \frac{T_m}{W} \tag{2.8}$$

五、实验步骤

1. 试件准备

根据敲击声音、表面亮度，选择低碳钢和铸铁扭转试件。用游标卡尺测量试件标距两端及中间三个横截面处的直径，并在每一横截面处的互相垂直方向各测一次取其平均值，用最小平均直径计算试件的抗扭截面系数 W。

2. 试验机准备

(1) 检查各电缆连接是否完好，限位装置是否正常。

(2) 首先打开主机，然后打开控制器，通电预热 15 分钟。

(3) 打开计算机，运行试验程序。

3. 操作步骤

(1) 在计算机通讯菜单中，选择“联机”。

(2) 进行试验方式、硬件、软件、运行参数、环境参数设置及数据选择。

注意：试验速度的设置。

(3) 安装试件。先将试件一端安装于试验机的固定夹头上，调节好试验机活动夹头位置，并将试件另一端安装于活动夹头，夹紧试件两端。在试件表面沿轴向画一条直线以观察试件扭转变形现象。

注意：夹具应夹持试件全部夹持段。

(4) 正式加载，观察实验现象。

注意：铸铁扭转时，不要靠近试件探望，以防试件破坏时碎片飞出伤人。

(5) 打印实验报告。

(6) 卸下试件。观察断口形状。

六、实验数据记录

表 2.6　试件测量值

材　料	标距 L_o/mm	实验前直径 d/mm									最小平均直径 d/mm
		横截面 Ⅰ			横截面 Ⅱ			横截面 Ⅲ			
		1	2	平均	1	2	平均	1	2	平均	
低碳钢											
铸　铁											

表 2.7　实验值

材　料	下屈服扭矩 T_{eL}/(N · m)	最大扭转 T_m/(N · m)
低碳钢		
铸　铁	—	

七、实验结果处理

1. 根据低碳钢下屈服扭矩 T_{eL} 及最大扭矩 T_m,计算其下屈服强度 τ_{eL}、抗扭强度 τ_m。

2. 根据铸铁最大扭矩 T_m,计算其抗扭强度 τ_m。

3. 在同一坐标系中绘制低碳钢和铸铁扭转曲线 $T-\phi$ 图,并标注下屈服扭矩 T_{eL}、最大扭矩 T_m 值。

八、思考题

1. 根据扭转试件的断口形状,分析低碳钢和铸铁扭转破坏的原因。

2. 低碳钢拉伸和扭转的断裂方式是否一样?破坏原因是否相同?为什么?

2.4　剪切模量 G 的测定

一、实验目的

1. 验证扭转胡克定律。
2. 测定低碳钢材料的剪切模量 G。

二、实验设备与量具

1. 扭转测 G 仪。
2. 游标卡尺。

三、实验原理

圆轴承受扭矩时，材料处于纯剪切应力状态。在比例极限范围内，材料的切应力 τ 与切应变 γ 成正比，即满足剪切胡克定律：

$$\tau = G\gamma \tag{2.9}$$

由此可得出圆轴受扭时扭转角 ϕ 为：

$$\phi = \frac{TL}{GI_p} \tag{2.10}$$

式中：ϕ —— 扭转角；

T —— 扭矩；

L —— 试件标距；

G —— 剪切模量；

I_p —— 截面的极惯性矩。

$$I_p = \frac{\pi d^4}{32} \tag{2.11}$$

实验时，采用增量法逐级加载。如图 2.16 所示的扭转测 G 仪上左右固定杆之间的距离为 L，如果每次增加同样大小的扭矩增量 ΔT，标距两端截面之间的相对扭转角增量 $\Delta\phi$ 基本相等，这样便验证了剪切胡克定律。根据各级扭转角增量的平均值 $\overline{\Delta\phi}$，即可计算出剪切模量 G 为：

$$G_{实} = \frac{\Delta T \cdot L}{\overline{\Delta\phi} \cdot I_p} \tag{2.12}$$

在低碳钢试件上，按选定的标距 L 将左右固定杆安装好，当试件受扭时，两截面发生相对转动，百分表显示出距试件中心轴线距离为 b，左右固定杆所在截面上两点的相对位移 δ。故左右杆所在截面的相对扭转角 ϕ 为：

$$\phi = \frac{\delta}{b} \tag{2.13}$$

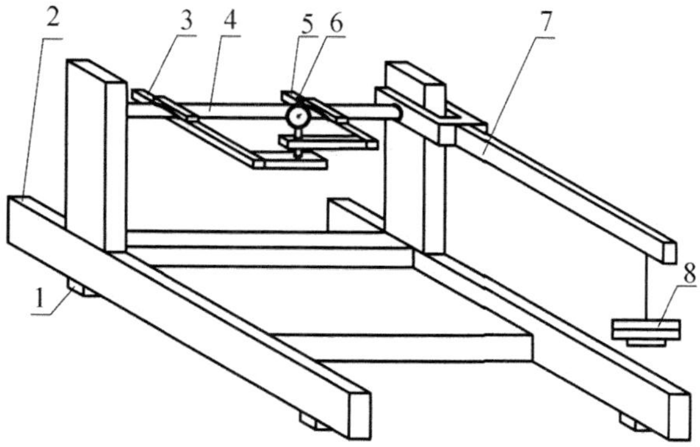

1—调节螺钉；2—底座；3—左固定架；4—试件；
5—右固定架；6—百分表；7—力臂；8—砝码

图 2.16　扭转测 G 仪结构示意图

四、实验步骤

1. 测量试件

在试件标距范围内，用游标卡尺测量标距两端及中间三个横截面处的直径，并在每一横截面处的互相垂直方向各测一次，取其平均值作为试件直径 d，用于计算截面的极惯性矩 I_p。

2. 调整实验装置

调节左右固定杆所在截面的距离 $L=100$ mm，百分表触点与试件轴线的距离 $b=40$ mm，百分表调零。

3. 拟定加载方案

根据材料的屈服强度和试件直径，可取初载荷 $T_0=6$ N·m，终载荷 $T_m=30$ N·m，分五级加载，载荷增量 $\Delta T=6$ N·m。

4. 加载测试

逐级加载，每加一次砝码，记录一次百分表读数，直到最终载荷。随时计算先后两次读数差值，以判断工作是否正常。加砝码时要缓慢轻放。

5. 完成实验后，卸掉载荷，清理实验现场。

五、实验数据记录

表 2.8 试件测量值

材 料	标 距 L/mm	实验前直径 d/mm						平 均 直 径 d/mm	扭角仪 臂 长 b/mm
		横截面Ⅰ		横截面Ⅱ		横截面Ⅲ			
		1	2	1	2	1	2		

表 2.9 实验值

<table>
<tr><td colspan="2" rowspan="2">扭矩 T/(N·m)</td><td colspan="3">T_0</td><td colspan="3">T_1</td><td colspan="3">T_2</td><td colspan="3">T_3</td><td colspan="3">T_4</td></tr>
<tr><td colspan="3"></td><td colspan="3"></td><td colspan="3"></td><td colspan="3"></td><td colspan="3"></td></tr>
<tr><td rowspan="3">扭角仪</td><td>位移 δ/mm</td><td colspan="3"></td><td colspan="3"></td><td colspan="3"></td><td colspan="3"></td><td colspan="3"></td></tr>
<tr><td>$\Delta\delta$/mm</td><td colspan="4"></td><td colspan="3"></td><td colspan="3"></td><td colspan="5"></td></tr>
<tr><td>$\overline{\Delta\delta}$/mm</td><td colspan="15"></td></tr>
</table>

六、实验结果处理

1. 根据实验记录数据，计算剪切模量 $G_{实}$。
2. 比较剪切模量 G 的实测值与理论值，计算其相对误差。
   ($G_{理}=82.03$ GPa)
3. 根据 $\phi_i=\dfrac{\delta_i}{b}(i=0,1,2,3,4)$ 绘制 $T-\phi$ 图。

七、思考题

1. 为什么扭转破坏实验测定切应力 τ 时取试件的最小直径？测定剪切模量 G 时取试件直径的平均值？

2. 实验产生误差的主要因素是什么？

2.5　梁弯曲正应力实验

要求：阅读下列内容后，在矩形梁、工字形梁、T 形梁中任意选做一项，做好相应的预习。

一、实验目的

1. 初步掌握电测方法多点应变测试技术。
2. 测定纯弯曲梁在矩形截面、工字形截面或 T 形截面上正应力的分布规律。
3. 验证纯弯曲梁横截面上正应力理论计算公式。

二、实验设备与量具

1. 纯弯曲梁实验台或材料力学多功能实验台。
2. 电阻应变仪。
3. 游标卡尺、直尺等。

三、实验原理

实验加载示意图如图 2.17 所示。当力 F 作用于辅助梁中央时，通过辅助梁将拉力 F 分解为两个集中力 $F/2$，并分别作用于主梁（试件）的 C、D 两点。由该梁的内力分析，可知 CD 段上的剪力等于零，其弯矩 $M=\frac{1}{2}Fa$，因此梁的 CD 段发生纯弯曲。梁的受力简图、弯矩图如图 2.18 所示。

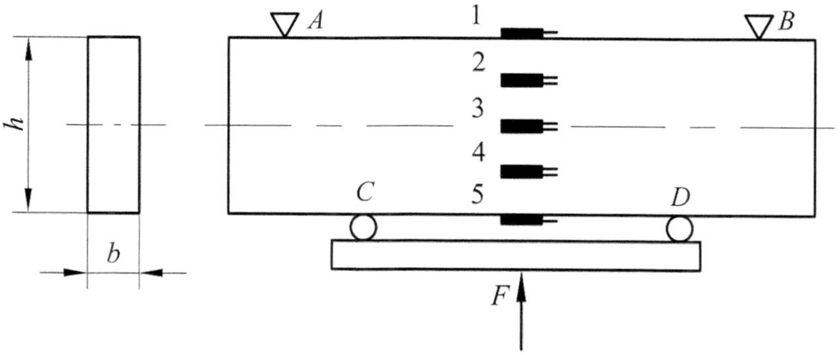

图 2.17　纯弯曲梁加载示意图

由纯弯曲正应力公式知，梁横截面上各点的正应力

$$\sigma=\frac{My}{I_z} \tag{2.14}$$

式中：y —— 所测点距中性层的距离；

I_z —— 横截面对中性轴 z 的惯性矩。

本实验矩形梁、工字形梁或 T 形梁材料为 45 钢调质处理。如图 2.17 所示，在梁 CD 段内任选一个横截面上，距离中性层不同高度处，沿着平行于梁的轴线方向，粘贴五个应变片（按图

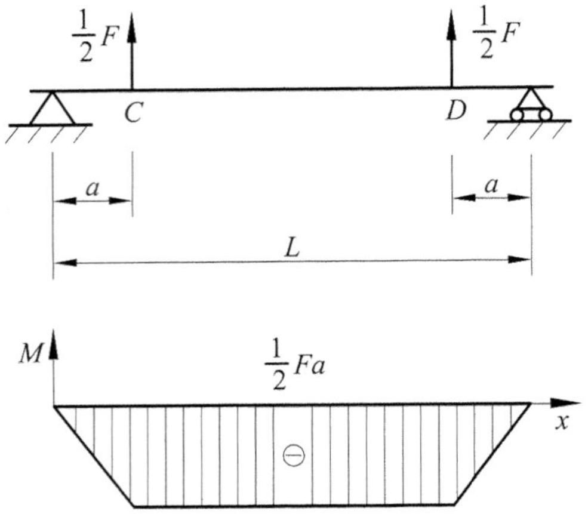

图 2.18　梁受力简图、弯矩图

2.17 中的编号 1、2、3、4、5 顺序粘贴)。矩形梁、工字形梁粘贴的应变片每片相距 $H/4$,T 形梁粘贴的应变片每片相距的距离根据计算横截面中性轴位置后确定。梁的截面形式及应变片布置位置如图 2.19 所示,在试件不受力区粘贴一枚温度补偿片。

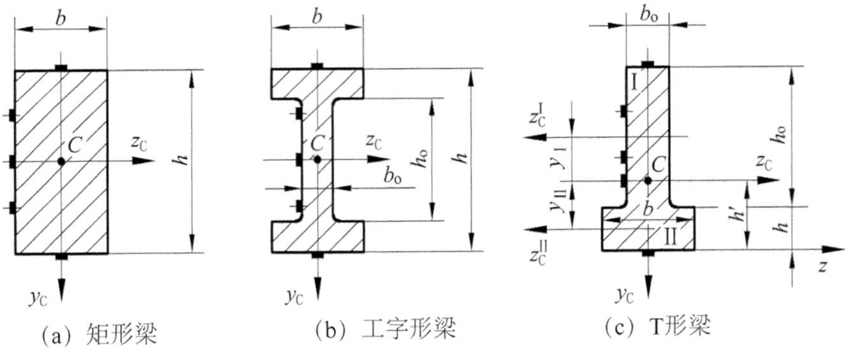

图 2.19　梁截面形式及布片位置

注:图中涂黑处为所粘贴的应变片

对于矩形、工字形截面的中性轴位置在其几何中心线上,但 T 形截面的中性轴位置不在其几何中心线上,通过计算可得 T 形截面的中性轴位置在距底边为 h' 的平行线上,其 h' 计算公式为:

$$h' = \frac{S_{\mathrm{I}}\left(h + \frac{h_o}{2}\right) + S_{\mathrm{II}} \cdot \frac{h}{2}}{S_{\mathrm{I}} + S_{\mathrm{II}}} \tag{2.15}$$

各截面对中心轴 Z 的惯性矩 I_z 为:

矩形截面:
$$I_z = \frac{bh^3}{12} \tag{2.16}$$

工字形截面:
$$I_z = \frac{1}{12}(bh^3 - b_o h_o^3) \tag{2.17}$$

T 形截面:
$$I_z = I_{z_C}^{\mathrm{I}} + I_{z_C}^{\mathrm{II}} \tag{2.18}$$

其中：
$$I_{z_C}^{\mathrm{I}}=\frac{b_o h_o^3}{12}+y_{\mathrm{I}}^2\cdot S_{\mathrm{I}}=\frac{b_o h_o^3}{12}+\left(h+\frac{h_o}{2}-h'\right)^2\cdot b_o h_o \tag{2.19}$$

$$I_{z_C}^{\mathrm{II}}=\frac{bh^3}{12}+y_{\mathrm{II}}^2\cdot S_{\mathrm{II}}=\frac{bh^3}{12}+\left(h'-\frac{h}{2}\right)^2\cdot bh \tag{2.20}$$

式(2.15)～式(2.20)中：

b、b_o—— 横截面的宽度；

h、h_o—— 横截面的高度；

$I_{z_C}^{\mathrm{I}}$、$I_{z_C}^{\mathrm{II}}$—— 分别为 T 形梁中图形Ⅰ、图形Ⅱ对 Z 轴的惯性矩 ；

y_{I}、y_{II} —— 分别为 T 形梁中图形Ⅰ、图形Ⅱ的形心距 Z 轴的距离；

S_{I}、S_{II} —— 分别为 T 形梁中图形Ⅰ、图形Ⅱ的截面积。

在梁纯弯曲段内，纵向纤维只发生长度变化，互相不挤压，处于单向应力状态。根据胡克定律，即可计算梁横截面上的正应力 σ，从而得到试件横截面的正应力分布规律。

$$\sigma=E\cdot\varepsilon \tag{2.21}$$

式中：E —— 材料的弹性模量。

本实验采用增量法加载，每次增加等量的载荷 ΔF，并相应地测定各点的应变增量 $\Delta\varepsilon_{i实}$，取应变增量的平均值 $\overline{\Delta\varepsilon}$，依次求出各点应力值 $\sigma_{i实}$。

$$\sigma_{i实}=E\cdot\overline{\Delta\varepsilon} \tag{2.22}$$

四、实验步骤

1. 测量试件

测量梁的宽度、高度及梁支点距离、载荷作用点到梁支点的距离，计算各应变片到中性层的距离及截面对中心轴的惯性矩 I_z，确定试件相关参数，如表 2.10 所列。

2. 拟定加载方案

根据试件的屈服强度和截面积，估算实验时能施加的最大载荷 F_m，确定初载荷 F_0、载荷增量 ΔF，分四级加载。

3. 接线、调试仪器及实验装置

将各点电阻应变片的引出导线按编号顺序在电阻应变仪上按半桥接线，并按公共温度补偿法组成测量线路，进行半桥测量。调试仪器及实验装置，检查整个系统是否处于正常工作状态。

4. 加载测试

逐级加载，依次记录各点应变仪读数，直到最终载荷。加载应保持缓慢、平稳。

5. 完成实验后，卸掉载荷，将所用仪器设备复原，清理实验现场。

五、实验数据记录

表 2.10　试件数据

梁的截面形式：		
应变片距中性层距离 y/mm	梁的尺寸和相关参数	
	宽度 b、b_o	$b=$　　mm 、$b_o=$　　mm
$y_1=$	高度 h、h_o	$h=$　　mm 、$h_o=$　　mm
$y_2=$	梁支点距离 L	$L=$　　mm
$y_3=$	载荷到支点距离 a	$a=$　　mm
$y_4=$	弹性模量 E	$E=$　　GPa
$y_5=$	电阻应变片灵敏度系数 K	$K=$

表 2.11　实验值

片号 / 应变 $\varepsilon/\mu\varepsilon$ / 载荷 F/N	1		2		3		4		5	
	ε_1	$\Delta\varepsilon_1$	ε_2	$\Delta\varepsilon_2$	ε_3	$\Delta\varepsilon_3$	ε_4	$\Delta\varepsilon_4$	ε_5	$\Delta\varepsilon_5$
$F_0=$										
$F_1=F_0+\Delta F=$										
$F_2=F_1+\Delta F=$										
$F_3=F_2+\Delta F=$										
$\overline{\Delta\varepsilon}$										

六、实验结果处理

1. 根据各测点增量的平均值 $\overline{\Delta\varepsilon}$，计算各点的应力值。

2. 计算各点的理论应力值。

3. 比较各测点的实测应力值与理论应力值，计算其相对误差。

4. 按同一比例分别绘制实测、理论各点应力沿横截面高度的分布曲线（纵坐标表示点的位置，横坐标表示正应力）。

七、思考题

1. 为什么要把温度补偿片粘贴在与构件相同的材料上？
2. 弯曲正应力的大小是否会受材料弹性模量 E 的影响？为什么？
3. 实验产生误差的主要因素是什么？

2.6 弯扭组合变形实验

一、实验目的

1. 用电测法测定薄壁圆管在线弹性范围内扭转、弯曲组合作用下，主应力的大小和方向。
2. 测定薄壁圆管在弯扭组合变形作用下的弯矩和扭矩。
3. 掌握运用电阻应变花测定应变的方法。

二、实验设备与量具

1. 材料力学多功能实验台。
2. 电阻应变仪。
3. 游标卡尺、直尺等。

三、实验原理

1. 测定主应力大小和方向

薄壁圆管受弯扭组合作用，使圆管发生组合变形。薄壁圆管弯扭组合变形受力简图如图 2.20所示。

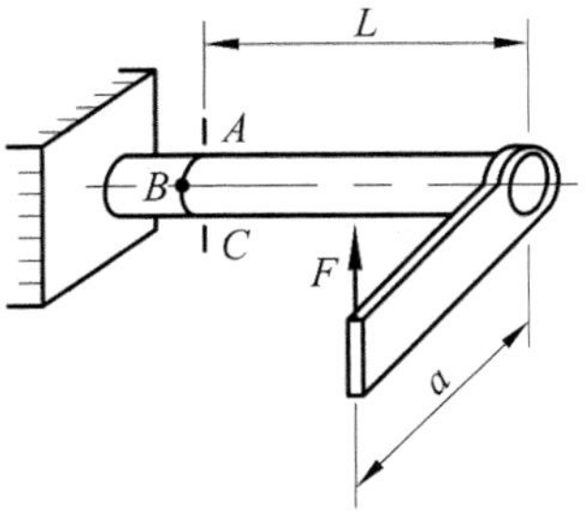

图 2.20 薄壁圆管弯扭组合受力简图

由截面法可知，A 点、C 点所在截面上的内力有弯矩 M、剪力 F_s 和扭矩 T，A 点、C 点均处于平面应力状态。在 A 点单元体上作用有由弯曲引起的正应力 σ_x，由扭转引起的切应力 τ_{xy}，主应力是一对拉应力 σ_1 和一对压应力 σ_3，A 点上作用的应力如图 2.21所示。

单元体上的正应力 σ 和切应力 τ 按下式计算：

$$\sigma_x = \frac{M}{W_M} \tag{2.23}$$

$$\tau_{xy} = \frac{T}{W} \tag{2.24}$$

式中：M——弯矩；

$$M = FL \tag{2.25}$$

式中：T——扭矩；

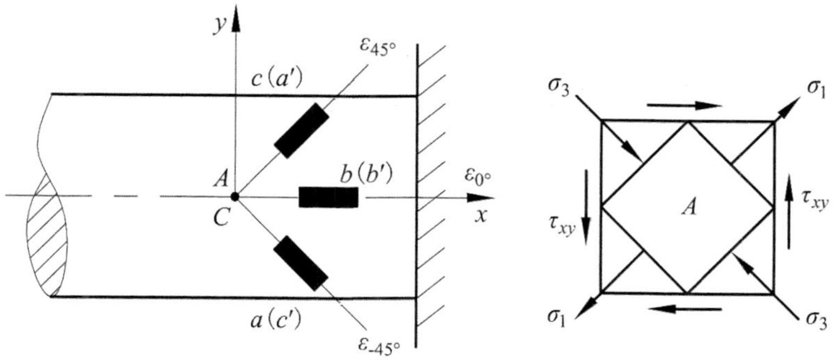

图 2.21　应变片布置及单元体图

$$T = Fa \tag{2.26}$$

式中：W_M——抗弯截面系数；

$$W_M = \frac{\pi D^3}{32}\left[1-\left(\frac{d}{D}\right)^4\right] \tag{2.27}$$

式中：W —— 抗扭截面系数；

$$W = \frac{\pi D^3}{16}\left[1-\left(\frac{d}{D}\right)^4\right] \tag{2.28}$$

式中：D——圆管外径；d——圆管内径。

根据应力状态理论，该点的主应力大小和方向为：

$$\left.\begin{matrix}\sigma_1\\ \sigma_3\end{matrix}\right\} = \frac{\sigma_x}{2} \pm \sqrt{\left(\frac{\sigma_x}{2}\right)^2 + \tau_{xy}^2} \tag{2.29}$$

$$\tan 2\alpha_0 = -\frac{2\tau_{xy}}{\sigma_x} \tag{2.30}$$

为了用实验的方法测定薄壁圆管弯曲和扭转时表面上一点处的主应力大小和方向，首先要在该点处测量应变，确定该点处的主应变 ε_1 、ε_3 的数值和方向，然后利用广义胡克定律计算主应力 σ_1 、σ_3 的大小和方向。根据应变分析原理，要确定一点处的主应变，需要知道该点处沿 x、y 相互垂直方向的三个应变分量 ε_x 、ε_y 、γ_{xy} 。

由于在实验中测量线应变 ε 比较容易，但测量剪应变 γ_{xy} 却很困难。所以，通常采用测量一点处沿与轴成三个已知方向的线应变 ε_a 、ε_b 、ε_c 的方法，如图 2.22 所示。

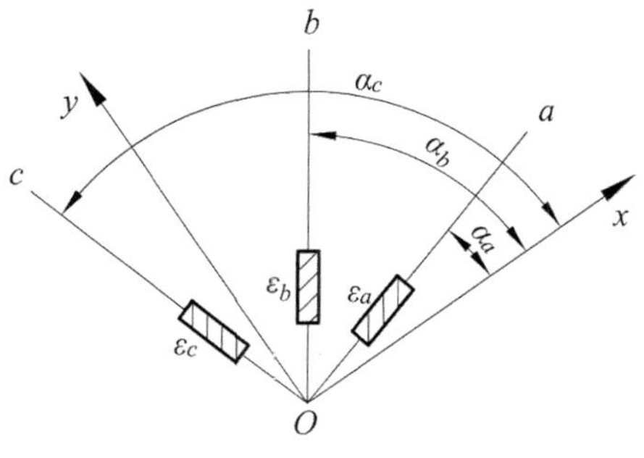

图 2.22　应变花粘贴位置

根据推导得出下列方程组：

$$\left.\begin{aligned}\varepsilon_a &= \varepsilon_x\cos^2\alpha_a + \varepsilon_y\sin^2\alpha_a - \gamma_{xy}\sin\alpha_a\cos\alpha_a\\ \varepsilon_b &= \varepsilon_x\cos^2\alpha_b + \varepsilon_y\sin^2\alpha_b - \gamma_{xy}\sin\alpha_b\cos\alpha_b\\ \varepsilon_c &= \varepsilon_x\cos^2\alpha_c + \varepsilon_y\sin^2\alpha_c - \gamma_{xy}\sin\alpha_c\cos\alpha_c\end{aligned}\right\} \tag{2.31}$$

由此得出该点的主应变和方向分别为：

$$\left.\begin{matrix}\varepsilon_1\\ \varepsilon_3\end{matrix}\right\} = \frac{\varepsilon_x+\varepsilon_y}{2} \pm \sqrt{\left(\frac{\varepsilon_x-\varepsilon_y}{2}\right)^2 + \left(\frac{\gamma_{xy}}{2}\right)^2} \tag{2.32}$$

$$\tan 2\alpha_0 = -\frac{\gamma_{xy}}{\varepsilon_x-\varepsilon_y} \tag{2.33}$$

对于各向同性材料，主应变 ε_1 、ε_3 和主应力 σ_1 、σ_3 的方向一致。

利用广义胡克定律可得主应力 σ_1 、σ_3 的大小为：

$$\sigma_1 = \frac{E}{1-\mu^2}(\varepsilon_1+\mu\varepsilon_3) \tag{2.34}$$

$$\sigma_3 = \frac{E}{1-\mu^2}(\varepsilon_3+\mu\varepsilon_1) \tag{2.35}$$

式中：E、μ 分别为构件材料的弹性模量和泊松比。

为了简化计算，往往采用互成特殊角度的三个应变片组成的应变花，本实验采用 45°直角应变花。如图 2.20 所示，在 A 点、B 点、C 点处分别粘贴一枚应变花，通过电阻应变仪分别测得这些点处沿与 x 轴成−45°、0°和 45°三个方向的线应变 ε_{-45°、ε_{0°、ε_{45°，代入式(2.31)方程组，得应变分量分别为：

$$\left.\begin{aligned}\varepsilon_x &= \varepsilon_{0^\circ}\\ \varepsilon_y &= \varepsilon_{45^\circ}+\varepsilon_{-45^\circ}-\varepsilon_{0^\circ}\\ \gamma_{xy} &= \varepsilon_{-45^\circ}-\varepsilon_{45^\circ}\end{aligned}\right\} \tag{2.36}$$

由此可求出主应力的大小和方向为：

$$\left.\begin{matrix}\sigma_1\\ \sigma_3\end{matrix}\right\} = \frac{E(\varepsilon_{-45^\circ}+\varepsilon_{45^\circ})}{2(1-\mu)} \pm \frac{\sqrt{2}E}{2(1+\mu)}\sqrt{(\varepsilon_{-45^\circ}-\varepsilon_{0^\circ})^2+(\varepsilon_{45^\circ}-\varepsilon_{0^\circ})^2} \tag{2.37}$$

$$\tan 2\alpha_0 = \frac{\varepsilon_{45^\circ}-\varepsilon_{-45^\circ}}{2\varepsilon_{0^\circ}-\varepsilon_{-45^\circ}-\varepsilon_{45^\circ}} \tag{2.38}$$

注意：(1) α_0 为 x 到主应力方向的夹角，以逆时针转向为正。

(2)计算中应注意应变片粘贴的实际方向，灵活运用上述公式。

2. 测定弯矩

当薄壁圆管受弯扭组合变形时，在 A 点、C 点沿 x 方向只有因弯曲引起的拉伸应变和压缩应变，且两应变数值相等符号相反。因此，将 A 点、C 点 0°方向的应变片采用不同的组桥方式测量，则可得到 A 点、C 点由弯矩引起的轴向应变 ε_M ，则截面 A—C 的弯矩实验值为：

$$M = \sigma W = E\varepsilon_M W_M \tag{2.39}$$

3. 测定扭矩

当薄壁圆管受纯扭转时，A 点、B 点或 C 点 45°方向和−45°方向的应变片都是沿主应力方向，且主应力 σ_1 、σ_3 数值相等符号相反。因此，采用不同的组桥方式测量，则可得到 A 点、B 点或 C 点由扭矩引起的主应变 ε_T 。因扭转时主应力 σ_1 和切应力 τ 相等，则截面 A—C 的扭矩实验值为：

$$T = \frac{E\varepsilon_{T}}{1+\mu}W \tag{2.40}$$

四、实验步骤

1. 测量试件

测量圆形管的尺寸、力臂长度和测点到力臂的距离，确定试件相关参数如表 2.12 所列。

2. 拟定加载方案

根据试件的屈服强度和截面积，估算实验时能施加的最大载荷 F_m，确定初载荷 F_0、载荷增量 ΔF，分四级加载。

3. 调试实验加载装置及仪器，检查整个系统是否处于正常工作状态。

4. 测定主应力大小和方向

将 A 点或 C 点的应变片按半桥接线，并按公共温度补偿法组成测量线路，进行半桥测量。

5. 测定弯矩、扭矩

根据实验要求，自行设计组桥方案。

6. 加载测试

缓慢匀速加载至初载荷 F_0，记录各点应变的初始读数；然后分级等增量加载，依次记录各点应变仪读数，直到最终载荷。

7. 完成实验后，卸掉载荷，将所用仪器设备复原，清理实验现场。

注意：圆形管的管壁很薄，切勿超载，不能用力扳动圆形管的自由端和力臂。

五、实验数据记录

表 2.12　试件数据

试件材料名称		测点距力臂的距离 L	$L=$　　mm
弹性模量 E	$E=$　　GPa	圆管外径 D	$D=$　　mm
泊松比 μ	$\mu=$	圆管内径 d	$d=$　　mm
电阻应变片灵敏度系数 K	$K=$	力臂长度 a	$a=$　　mm

表 2.13　测定主应力大小和方向实验值

应变 $\varepsilon/\mu\varepsilon$ / 载荷 F/N	$-45°$应变片		$0°$应变片		$45°$应变片	
	$\varepsilon_{-45°}$	$\Delta\varepsilon_{-45°}$	$\varepsilon_{0°}$	$\Delta\varepsilon_{0°}$	$\varepsilon_{45°}$	$\Delta\varepsilon_{45°}$
$F_0=$						
$F_1=F_0+\Delta F=$						
$F_2=F_1+\Delta F=$						
$F_3=F_2+\Delta F=$						
$\overline{\Delta\varepsilon}$						

表 2.14　测定弯矩和扭矩实验值

应变 $\varepsilon/\mu\varepsilon$ / 载荷 F/N	A 点、C 点测定弯矩		A 点或 B 点、C 点测定扭矩	
	ε	$\Delta\varepsilon$	ε	$\Delta\varepsilon$
$F_0=$				
$F_1=F_0+\Delta F=$				
$F_2=F_1+\Delta F=$				
$F_3=F_2+\Delta F=$				
$\overline{\Delta\varepsilon}$				

表 2.15　测试点理论值

主应力的大小 σ_1、σ_3	$\sigma_1=$　　　MPa，$\sigma_3=$　　　MPa
主应力的方向 α_0	$\alpha_0=$
弯矩 M	$M=$　　　N·m
扭矩 T	$T=$　　　N·m

六、实验结果处理

1. 根据所测应变值计算主应力的大小和方向，并与理论值进行比较，计算其相对误差。

2. 根据组桥方案测出的应变值，计算弯矩和扭矩，并与理论值进行比较，计算其相对误差。

3. 绘制测定弯矩、扭矩的接桥图。
4. 绘制 A 点或 C 点单元体图。

七、思考题

1. 实验产生误差的主要因素是什么？
2. 测定主应力时，直角应变花是否可以任意方向粘贴？为什么？

2.7 压杆稳定实验

一、实验目的

1. 用电测法测定两端铰支压杆的临界载荷。
2. 观察两端铰支压杆丧失稳定的现象。

二、实验设备与量具

1. 材料力学多功能实验台。
2. 电阻应变仪。
3. 游标卡尺、直尺等。

三、试　件

本实验采用弹簧钢矩形试件，两端是带圆角的刀刃，夹具开有 V 形槽，在试件中点两侧各粘贴一枚电阻应变片。试件及夹具如图 2.23 所示。

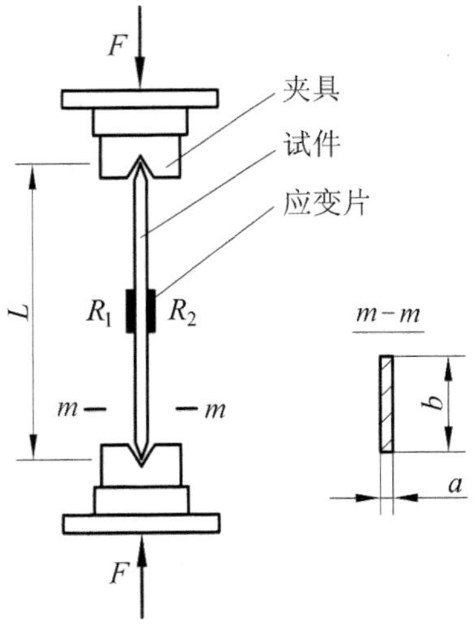

图 2.23　试件及夹具示意图

四、实验原理

对于两端铰支，中心受压的细长杆其临界载荷 F_{cr} 为：

$$F_{cr} = \frac{\pi^2 EI}{L^2} \tag{2.41}$$

式中：L —— 试件长度；

E —— 材料的弹性模量；

I —— 横截面的惯性矩，$I = \dfrac{ba^3}{12}$。

当压杆所受载荷 F 小于试件的临界载荷 F_{cr} 时，中心受压的细长杆在理论上应保持直线形状，杆件处于稳定平衡状态；当载荷 F 大于临界载荷 F_{cr} 时，压杆因丧失稳定而发生弯曲变形，如图 2.24(a)所示。若以载荷 F 为纵坐标，压杆中点挠度 δ 为横坐标，按小挠度理论绘出的 $F-\delta$ 曲线即为折线 OAB，如图 2.24(b)所示。

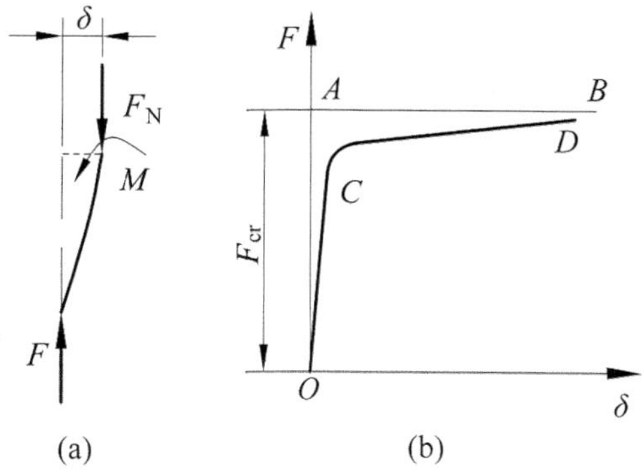

图 2.24　压杆受力简图、曲线图

实验中的压杆，由于不可避免地有初曲率，在压力偏心和材料不均匀等因素的影响下，使得在载荷 F 远小于临界载荷 F_{cr} 时，压杆也会发生微小的弯曲变形，且随载荷 F 的增加而缓慢增长，如图 2.24(b)中的 OC 所示；当载荷 F 接近临界载荷 F_{cr} 时弯曲变形会突然增大，而丧失稳定，如图 2.24(b)中的 CD 所示，它以直线 AB 为渐近线。因此，根据实际测出 $F-\delta$ 曲线图，由 CD 的渐近线 AB 的位置即可确定压杆的临界载荷 F_{cr}。

假设本实验压杆受力后如图 2.24(a)所示向右弯曲情况，试件粘贴应变片处横截面上的内力有轴向压力 F_N 和弯矩 M。当采用半桥温度自补偿的方法进行测量，便可消除由轴向力产生的应变读数，这样试件中点挠度 δ 与应变 ε 之间的关系可为：

$$\frac{F\delta\frac{a}{2}}{I} = E\frac{\varepsilon}{2}$$

即

$$F\delta = \left(\frac{EI}{a}\right)\varepsilon \tag{2.42}$$

由此可见，在一定载荷 F 作用下应变 ε 的大小反映了试件中点挠度 δ 的大小，因此可由实验测试数据的 $F-\varepsilon$ 曲线作水平渐近线来确定临界载荷 F_{cr}。

五、实验步骤

1. 测量试件

测量试件长度及三个横截面处的尺寸，取试件上、中、下三处其平均值，用于计算横截面的惯性矩 I，确定试件相关参数，如表 2.16 所列。

2. 拟定加载方案

加载前用欧拉公式(2.41)计算压杆临界载荷 F_{cr} 的理论值。加载分成两个阶段：(1)在达到临界载荷 F_{cr} 的 80%之前，由载荷控制；(2)载荷超过临界载荷 F_{cr} 的 80%以后，改为由变形控制。

3. 调整实验加载装置。

4. 接线、调试仪器

将电阻应变片 R_1、R_2 接入相邻桥臂，采用半桥温度自补偿的方法进行测量。调试仪器，检查整个系统是否处于正常工作状态。

5. 加载测试

开始采用等量加载的方法，每增加一级载荷增量 ΔF，记录相应的应变值 ε。当载荷 F 超过临界载荷 F_{cr} 的 80%以后，每增加一定的应变值 ε，记录相应的载荷 F。随着应变增量 $\Delta\varepsilon$ 的变大，载荷增量 ΔF 逐渐减小。当载荷增量 ΔF 很小，而应变增量 $\Delta\varepsilon$ 突然变得很大时，立即停止加载。

6. 完成实验后，卸掉载荷，将所用仪器设备复原，清理实验现场。

六、实验数据记录

表 2.16 试件数据

试件参数	截面Ⅰ	截面Ⅱ	截面Ⅲ	平均值
厚度 a/mm				
宽度 b/mm				
长度 L/mm	$L=$			
弹性模量 E/GPa	$E=$			
电阻应变片灵敏度系数 K	$K=$			

表 2.17　实验值

载荷 F/N		应变 $\varepsilon/\mu\varepsilon$	
F	ΔF	ε	$\Delta\varepsilon$
$F_0=$			
$F_1=$			
$F_2=$			
$F_3=$			
$F_4=$			
$F_5=$			
$F_6=$			
$F_7=$			
$F_8=$			
$F_9=$			

七、实验结果处理

1. 根据实验结果，绘制 $F-\varepsilon$ 曲线，确定临界载荷 F_{cr}。
2. 计算临界载荷 F_{cr} 的理论值。
3. 比较临界载荷 F_{cr} 的实测值与理论值，计算其相对误差。

八、思考题

1. 实验产生误差的主要因素是什么？
2. 压缩实验与压杆稳定实验目的有何不同？

2.8 超静定梁实验

一、实验目的

1. 测定超静定梁在某处施加载荷时，其外部所受约束力。
2. 领会功互等定理的应用，掌握用变形比较法求解超静定问题。
3. 比较静定梁和超静定梁的变形情况。

二、实验设备与量具

1. 材料力学多功能实验台。
2. 电阻应变仪。
3. 直尺、两个百分表及磁性表座等。

三、实验内容与要求

实验装置如图 2.25 所示。实验梁为 45 钢调质处理的等强度梁，梁的 A 端固定，B 端铰支，支点可上下调节，因为多出一个外部约束，所以该梁是一次超静定梁。在梁的截面Ⅰ和截面Ⅱ处分别设有两个加载点。

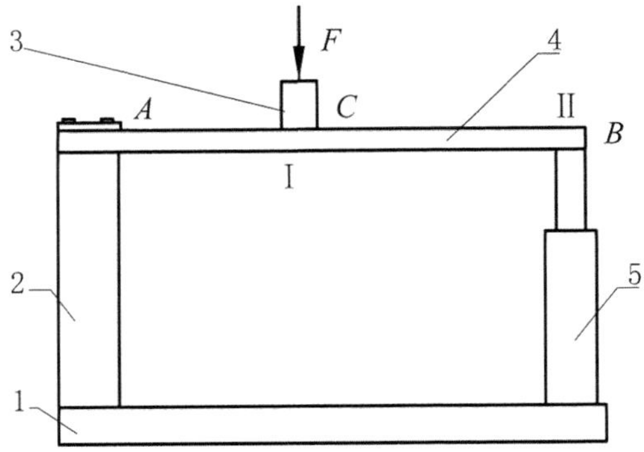

1—底座；2—固定支座；3—加载器；4—等强度梁；5—支座

图 2.25 超静定梁实验装置示意图

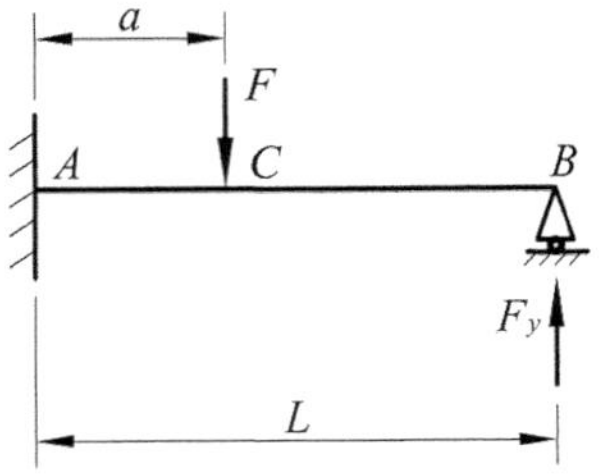

图 2.26 超静定梁受力简图

1. 复习《材料力学》教材中“互等定理”、“超静定结构”章节的内容。

2. 根据实验目的要求，拟定实验方案和操作步骤。

3. 设计表格，记录相关实验数据。

4. 根据实验数据求出支反力 F_y。

5. 如实验方案不合理，或操作步骤有误而导致实测值与理论值相差较大，需重新设计，重做实验，直到符合要求。

四、提　示

该超静定梁的受力简图如图 2.26 所示。解除多余支座 B，并以支座反力 F_y 代替，得到图 2.27(a)所示的相当系统。该系统中 B 点的挠度为零，即 $w_B=0$。

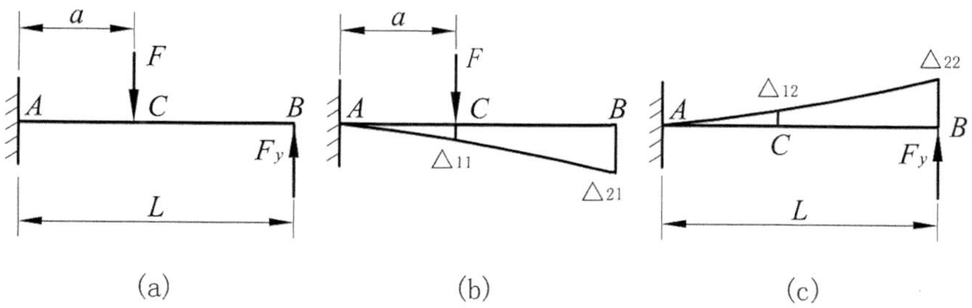

图 2.27　超静定梁叠加原理图

在线弹性、小变形情况下，B 点的挠度是由施加的载荷 F 和支反力 F_y 在 B 点产生的挠度的叠加。则

$$(w_B)_F+(w_B)_{Fy}=0 \tag{2.43}$$

由式(2.43)可得支反力 F_y 的理论解为：

$$F_y=\frac{a^2(3L-a)F}{2L^3} \tag{2.44}$$

实验只提供了测定位移的条件，而无测力手段，所以需要把力和位移结合起来。根据图 2.27(a)为图 2.27(b)和图 2.27(c)的叠加，写出功互等定理表达式，由表达式设计测试方案，拟定实验步骤。

注意：施加载荷时要缓慢匀速。载荷大小不要超过 300 N，以免损坏等强度梁。

五、实验报告要求

1. 按照图 2.27 表达，写出功互等定理表达式。

2. 编写实验操作步骤。

3. 设计相关表格，记录实验数据。

4. 根据实验数据，计算支反力 F_y 的实测值和理论值。

5. 比较支反力 F_y 的实测值和理论值，计算其相对误差。

6. 回答思考题。

六、思考题

1. 实验产生误差的主要因素是什么？

2. 根据实验数据，比较图 2.27(a)超静定梁与图 2.27(b)静定梁 C 点处截面的挠度值。两者百分比为多少？说明什么？

第3章 实验设备及测试原理

3.1 微机控制电子万能试验机

一、主要用途

微机控制电子万能试验机是电子技术与机械传动相结合的新型试验机，主要用于测定各种材料在拉伸、压缩、弯曲、剪切等状态下的力学性能及有关物理参数，它对载荷、变形、位移的测量和控制有较高的精度和灵敏度，与计算机联机可实现控制、检测和数据处理的自动化。

二、结构及工作原理

1. 试验机结构

RG－4300微机控制电子万能试验机结构如图3.1所示。试验机主要由上横梁、移动横梁、传感器、夹具接头、夹具、下横梁、滚珠丝杠、传动（减速）系统、伺服电机、防护外壳、限位保护装置及控制系统等组成。

2. 试验机工作原理

试验机加载控制系统是由伺服控制器按照控制仪表设定的试验参数驱动伺服电机工作，电机通过减速系统和滚珠丝杠带动移动横梁运动，再通过安装在移动横梁和固定横梁（上横梁、下横梁）上的夹具对试件施加载荷，从而达到试验目的。

试验机测控系统是以单片微型计算机为核心，进行所需试验控制及数据采集，采用高精度数据放大器及高精度A/D、D/A为主要外围电路，组成数据测量、数据处理及控制环节等多个测控单元，把采集到的数据经过处理后传输给计算机进一步处理。

三、操作规程

1. 检查机器。检查夹具形状和尺寸是否与试件相匹配，检查各电缆连接是否完好，限位装置是否正常。

2. 首先打开主机，然后打开控制器，通电预热15分钟。

3. 打开计算机，运行试验程序。

4. 在计算机通讯菜单中，选择“联机”，在系统配置菜单中进行试验方式、硬件、软件、运行参数、环境参数等试验条件的设置。

5. 安装试件。对于拉伸试件，先夹紧试件上端，调节机器横梁于合适位置后，再夹紧试件下端。夹具夹持试件的长度应不小于夹块深度的3/4，以防止损坏夹具；对于压缩或弯曲试验，换上专用夹具，把试件放正即可。根据需要，调节活动横梁至适当位置。

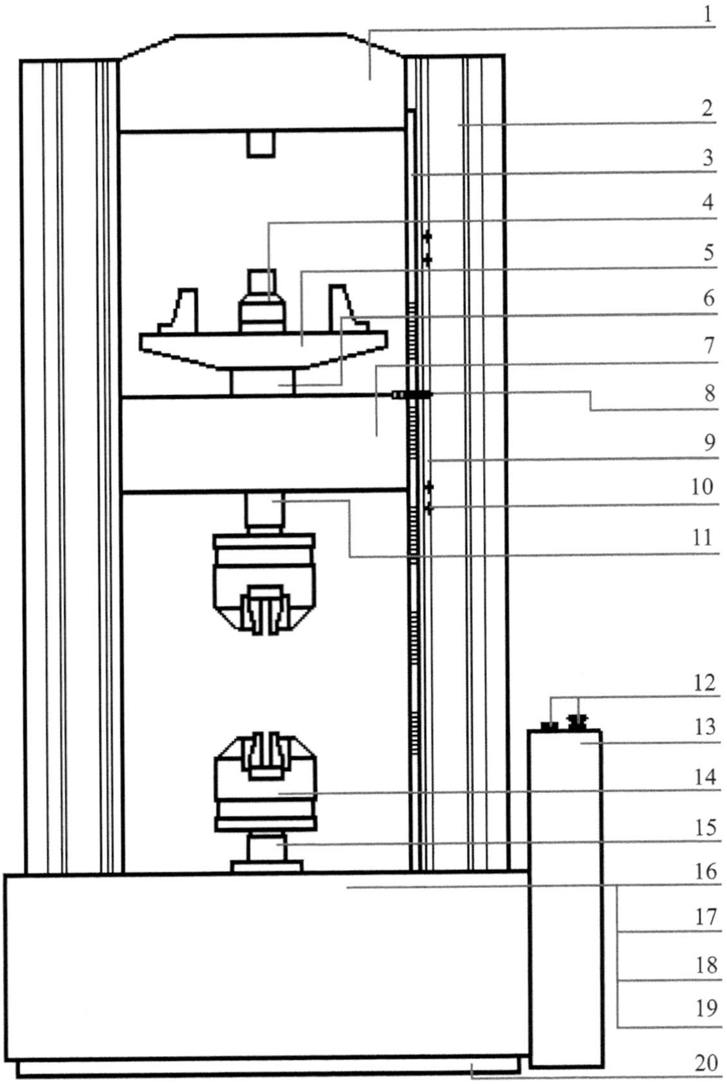

1—上横梁;2—丝杠、光杠;3—位移标尺;4—压缩夹具;5—弯曲夹具;6—传感器;
7—移动横梁;8—限位推板;9—限位杆;10—限位调节旋钮;11—上夹具接头;
12—电测开关;13—测控系统;14—拉伸夹具;15—下夹具接头;
16—机座护板;17—下横梁;18—伺服电机;19—传动系统;20—底座

图 3.1 RG-4300 电子万能试验机结构图

6. 选择变形测量或位移测量,选定量程,并平衡调零。
7. 正式加载。根据需要选定加载速度,缓慢均速加载,直到实验完毕。
8. 实验完毕,取下试件,一切恢复初始状态,切断总电源,并清理现场。

四、注意事项

1. 禁止用高速驱动加载，以避免造成试件、仪表甚至试验机损坏。
2. 把活动横梁的位置限制器调到合适位置，保证起到保护限位作用。
3. 不能随意打开主机箱及控制箱，禁止带电插拔连接器。
4. 不能随意修改状态参数。
5. 当进行精度修正及进行过设备维修后，应进行一次自检标准提取过程。
6. 若遇紧急情况，立即按动主机上红色大按钮紧急停机。

3.2 微机控制扭转试验机

一、主要用途

微机控制扭转试验机是电子技术与机械传动相结合的新型试验机，主要用于测定各种材料在扭转力状态下的力学性能及有关物理参数，与计算机联机可实现控制、检测和数据处理的自动化。

二、结构及工作原理

1. 试验机结构

RNJ－500 微机控制扭转试验机结构如图 3.2 所示。试验机主要由机架、导轨工作台面、传感器座、夹具、减速机、电机、移动工作台及控制系统等组成，减速机和电机安装在移动工作台上，活动夹头安装在其输出轴端。

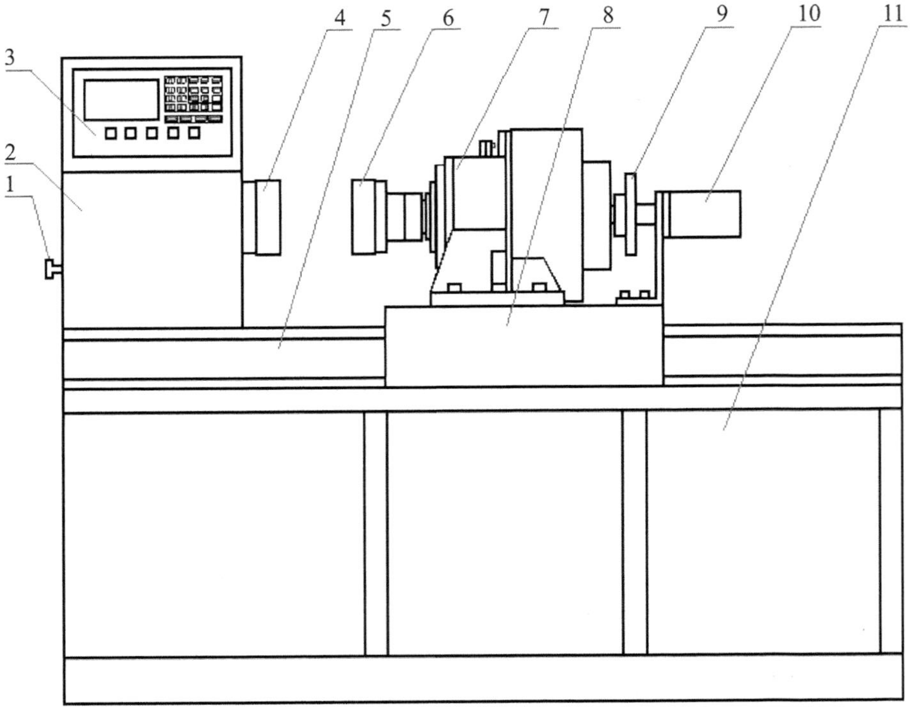

1—电源开关；2—控制箱；3—控制面板；4—固定夹头；5—导轨工作台面；
6—活动夹头；7—减速机；8—移动工作台；9—手动调整轮；10—电机；11—机架

图 3.2　RNJ－500 微机控制扭转试验机结构简图

2. 试验机工作原理

试验机固定夹头安装在支承扭转传感器的传感器座右边，一端与扭转传感器相连，一端与试件相连；试验机活动夹头固定在减速机输出连轴器上，电机输出连轴器与减速机相连；移动工作台可以在导轨工台面上左右平稳移动。试验时由电机伺服控制器(安装在主机内部)发出指令驱动电机转动,电机通过输出连轴器带动减速机转动,减速机通过安装在其输出上的活动夹头运动,从而使试件受力,扭转传感器产生输出信号。试验机测控系统是以单片微型计算机为核心,进行扭转试验控制及数据采集,采用高精度数据放大器及高精度 A/D、D/A 为主要外围电路,组成数据测量、数据处理及控制环节等多个测控单元,把采集到的数据经过处理后传输给计算机进一步处理。

三、操作规程

1. 检查机器。检查夹具形状和尺寸是否与试件相匹配,各电缆连接是否完好,限位装置是否正常。

2. 首先打开主机,然后打开控制器,通电预热 15 分钟。

3. 打开计算机,运行试验程序。

4. 在计算机通讯菜单中,选择“联机”,在系统配置菜单中进行试验方式、硬件、软件、运行参数、环境参数等试验条件的设置。

5. 安装试件。将试件一端安装于固定夹头,在慢速条件下使用“顺时针”或“逆时针”键调整好活动夹头位置,并将试件另一端安装于活动夹头,夹紧试件。

注意:夹具应夹持试件全部头部。

6. 调节减速机输入端微调手轮,进行载荷机械调零。

7. 正式加载。根据需要选定加载速度,缓慢匀速加载,直到实验完毕。

8. 实验完毕,取下试件,一切恢复初始状态,切断总电源,并清理现场。

四、注意事项

1. 禁止用高速驱动加载,以避免造成试件、仪表甚至试验机损坏。

2. 不能随意打开主机箱及控制箱,禁止带电插拔连接器。

3. 不能随意修改状态参数。

4. 当进行精度修正及进行过设备维修后,应进行一次自检标准提取过程。

3.3　电阻应变测试原理简介

工程中有些结构或零件因其形状和受力比较复杂，用理论方法计算应力比较困难，有的即使可以进行理论计算，也是将实际结构简化，抽象成力学模型才能进行计算，计算结果的可靠性也要通过实验来加以验证。因此，实验应力分析在工程中已被广泛采用。而电阻应变测试法（简称电测法）是实验应力分析中主要的实验方法之一，是一种重要的工程测试手段，掌握这种测试方法，可增强解决工程实际问题的能力。

电阻应变测试法的基本原理是以电阻应变片作为传感器，将非电量的应变转换为电阻应变片的电阻改变，以达到构件的变形测量。其工作原理：将电阻应变片粘贴在构件的测量点上，当构件承受外力作用时，电阻应变片将随同构件一起变形而引起电阻值的改变，通过电阻应变仪可使各测量点电阻值的改变量转换为应变值显示出来，从而测得构件上测量点的应变。

一、电阻应变片和应变花

1. 电阻应变片的构造与种类

应变片的构造一般由敏感栅、粘结剂、覆盖层、基底和引出线五部分组成，如图 3.3(a)所示。敏感栅由具有高电阻率的细金属丝或箔（如康铜、镍铬等）加工成栅状，用粘结剂牢固地将敏感栅固定在覆盖层与基底之间。在敏感栅的两端焊有用铜丝制成的引线，用于与测量导线连接。基底和覆盖层通常用胶膜制成，它们的作用是固定和保护敏感栅，当应变片被粘贴在试件表面之后，由基底将试件的变形传递给敏感栅，并在试件与敏感栅之间起绝缘作用。

应变片的种类很多，常用的应变片有金属丝式应变片和金属箔式应变片，如图 3.3(b)所示，其中以箔式应变片应用最广。

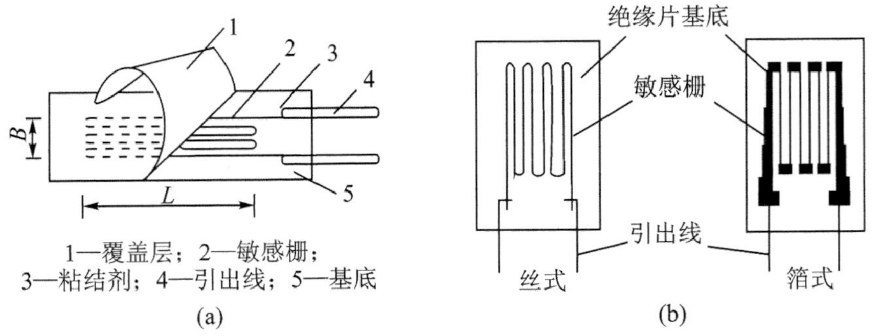

图 3.3　应变片的构成

2. 电阻应变片的工作原理

如果将电阻值为 R 的应变片牢固地粘贴在构件表面被测部位，当该部位沿应变片敏感栅的轴线方向产生应变 ε 时，应变片亦随之变形。其电阻产生一个变化量 ΔR。实验表明，在一定范围内，应变片的电阻变化率 $\Delta R/R$ 与应变 ε 成正比，即

$$\frac{\Delta R}{R}=K\varepsilon \tag{3.1}$$

式中 K 为应变片的灵敏度系数，与敏感栅的尺寸、形状及电阻变化率等有关，通常由生产厂家标定好，其值在 2.0 左右。

由式(3.1)可知，只要测出应变片的电阻变化率 $\Delta R/R$，即可确定试件的应变 ε。

3. 电阻应变花

应变花是一种多轴式应变片，是由二个或三个应变片按特殊角度组合在同一基底上，如图 3.4 所示。常用的应变花有 45°、90°、120°等，它可测量同一点几个方向的应变，用于测定复杂应力状态下某点的主应力大小和方向。

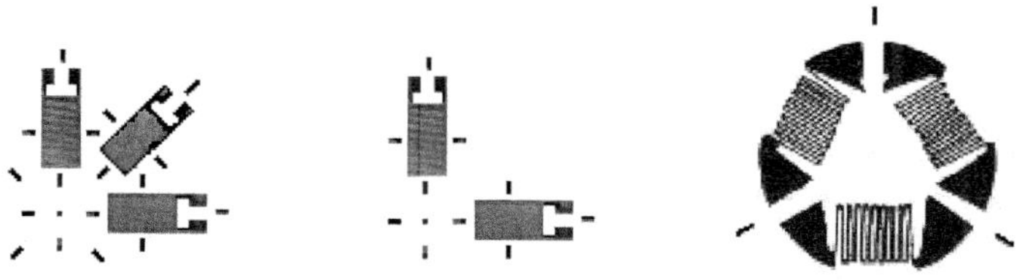

图 3.4　应变花构成

二、电阻应变仪

电阻应变仪是测量微小应变的精密仪器。其工作原理是利用粘贴在构件上的电阻应变片随同构件一起变形而引起其电阻的改变，通过测量电阻的改变量得到粘贴部位的应变。一般构件的应变是很微小的，要直接测量相应的电阻改变量是很困难的。为此采取电桥把应变片感受到的微小电阻变化转换为电压信号，然后将此信号输入放大器进行放大，再把放大后的信号用应变表示出来。

电阻应变仪的主要作用是配合电阻应变片组成电桥，并对电桥的输出信号进行放大、标定，以便直接读出应变数值。

电阻应变仪的种类、型号很多，按测量应变的频率可分为：静态电阻应变仪、静动态电阻应变仪，动态电阻应变仪、超动态电阻应变仪等。按供桥电源可分为：直流电桥应变仪和交流电桥应变仪。

以常用的 XL－2101B3 型静态电阻应变仪为例，该仪器采用直流电桥，将输出电压的微弱信号直接输送到放大器进行放大处理，再经过调整，由 A/D 转换器转化为数字量，经过标定后直接由显示屏读出应变，其原理框图如图 3.5 所示。

注意：应变仪上读出的应变为微应变，即 $1\mu\varepsilon=10^{-6}\varepsilon$。

三、测量电桥

1. 电桥的工作原理

从应变仪原理框图(图 3.5)可知，测量电桥的输出电压直接输送到放大器放大，再经过调整，由 A/D 转换后输送到显示器。电阻应变仪的核心部分是电桥。电桥采用惠斯登电桥，其工作原理如图 3.6 所示。

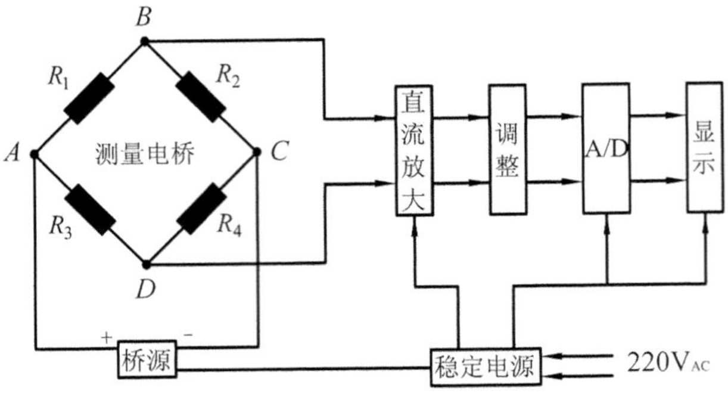

图 3.5　应变仪原理框图

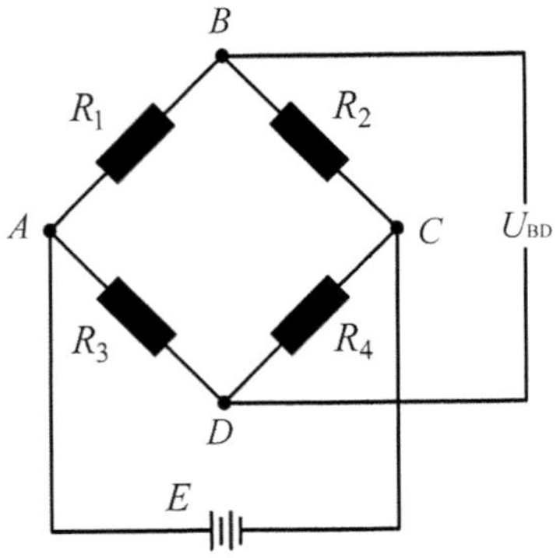

图 3.6　惠斯登电桥

电阻 R_1、R_2、R_3、R_4 组成电桥的四个桥臂，A、C 和 B、D 分别为电桥的输入端和输出端。输入端电压为 E，电桥的输出端总是接在放大器的输入端，而放大器的输入阻抗很高。因此电压的输出端可以看成是开路的。其输出电压为：

$$U_{BD}=E\frac{R_1R_4-R_2R_3}{(R_1+R_2)(R_3+R_4)}\tag{3.2}$$

当四个桥臂上的电阻产生微小的改变量 ΔR_1、ΔR_2、ΔR_3、ΔR_4 时，B、D 间的电压输出也产生改变量，

$$\Delta U_{BD}=E\frac{R_1\Delta R_4+R_4\Delta R_1-R_2\Delta R_3-R_3\Delta R_2}{(R_1+R_2)(R_3+R_4)}\tag{3.3}$$

若四个桥臂接上电阻值和灵敏度系数 K 均相同的电阻应变片，即 $R_1=R_2=R_3=R_4=R$ 时，

则，
$$\Delta U_{BD}=\frac{E}{4}\left(\frac{\Delta R_1}{R}-\frac{\Delta R_2}{R}-\frac{\Delta R_3}{R}+\frac{\Delta R_4}{R}\right)\tag{3.4}$$

由于，$\frac{\Delta R}{R}=K\varepsilon$

则式(3.4)变为：

$$\Delta U_{BD}=\frac{KE}{4}(\varepsilon_1-\varepsilon_2-\varepsilon_3+\varepsilon_4)\tag{3.5}$$

应变仪的输出应变为：

$$\varepsilon_{仪} = \frac{4\Delta U_{BD}}{KE} = (\varepsilon_1 - \varepsilon_2 - \varepsilon_3 + \varepsilon_4) \tag{3.6}$$

式(3.6)表明：

(1) 两相邻桥臂上应变片的应变增量同号时(即同为拉应变或同为压应变)，则输出应变为两者之差；异号时为两者之和。

(2) 两相对桥臂上应变片的应变增量同号时(即同为拉应变或同为压应变)，则输出应变为两者之和；异号时为两者之差。

利用上述特性，不仅可以进行温度补偿，增大读数应变，提高测量的灵敏度，还可以测出在复杂应力状态下单独由某种内力因素产生的应变。

2. 温度补偿和温度补偿片

粘贴有应变片的构件总是处于某一温度场中，当温度变化时，应变片敏感栅的电阻会发生变化。另外，由于电阻丝栅的线膨胀系数与构件的线膨胀系数不一定相同，温度改变时，应变片也会产生附加应变，这些应变是虚假应变，应当排除。排除的措施叫温度补偿。补偿的方法是用另一片相同的应变片作为补偿片，把它粘贴在与被测构件材料相同但不受力的试件上，将该试件与被测构件放在一起，使它们处于同一温度场中。粘贴在被测构件上的应变片叫工作片。在电桥连接上，使工作片和补偿片处于相邻桥臂中，由于相邻桥臂应变读数为两者之差，温度的变化并不会造成电桥输出电压的变化，也就是不会造成读数应变的变化。这样便自动消除了温度效应的影响。

注意：工作片和温度补偿片都是相同的应变片，它们的阻值、灵敏度系数和电阻温度系数都应基本相同，也就是同一包或同一批次的应变片，它们感应温度的效应基本相同，这样才能达到消除温度应变的影响。

补偿片也可粘贴在受力构件上，但要保证工作片和补偿片所测的应变绝对值相等，符号相反，这样既可以排除温度效应，又可以增加电桥的信号输出，提高测量的灵敏度。

3. 桥路连接

如图 3.7 所示，若两个规格相同的应变片 R_1、R_2 分别接入桥臂 AB、BC 上，R_3、R_4 为仪器内部的固定电阻，则称为半桥接法；如图 3.8 所示，若四个规格相同的应变片分别接在四个桥臂上，则称为全桥接法，全桥接法可以增大读数应变，进一步提高测量的灵敏度。

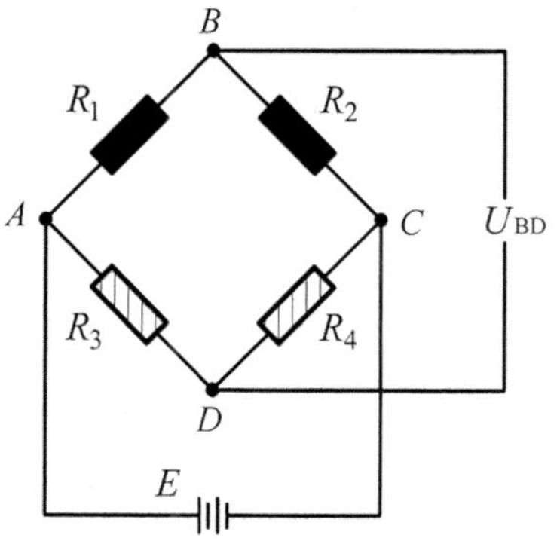

R_3、R_4——标准电阻

图 3.7　半桥测量

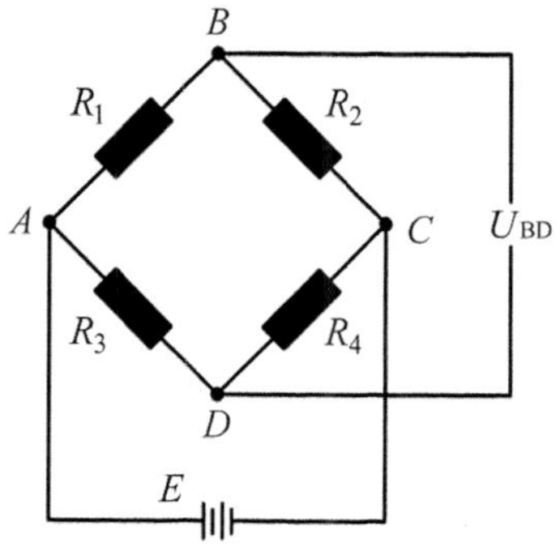

图 3.8　全桥测量

3.4　应变与力综合测试仪

一、概　述

CML－1H 型应变与力综合测试仪是用一种静态电阻应变仪和一种测力仪组合而成的综合测试仪，在一台仪器上完成两种仪器的工作。

本仪器配用相应的传感器，可实现实验应力分析及静力强度研究中测量结构及材料任意点变形的应力分析。应变与力综合测试仪通过配接材料力学多功能实验台，可完成电测法材料的力学实验。

二、仪器组成

CML－1H 型应变与力综合测试仪结构如图 3.9 所示。仪器主要由力传感器输入插头、联机口、扩展口、应变显示部分、测力显示部分、系统机号显示部分、数字输入键部分、功能操作键部分、应变片接线端子（桥臂）等组成。

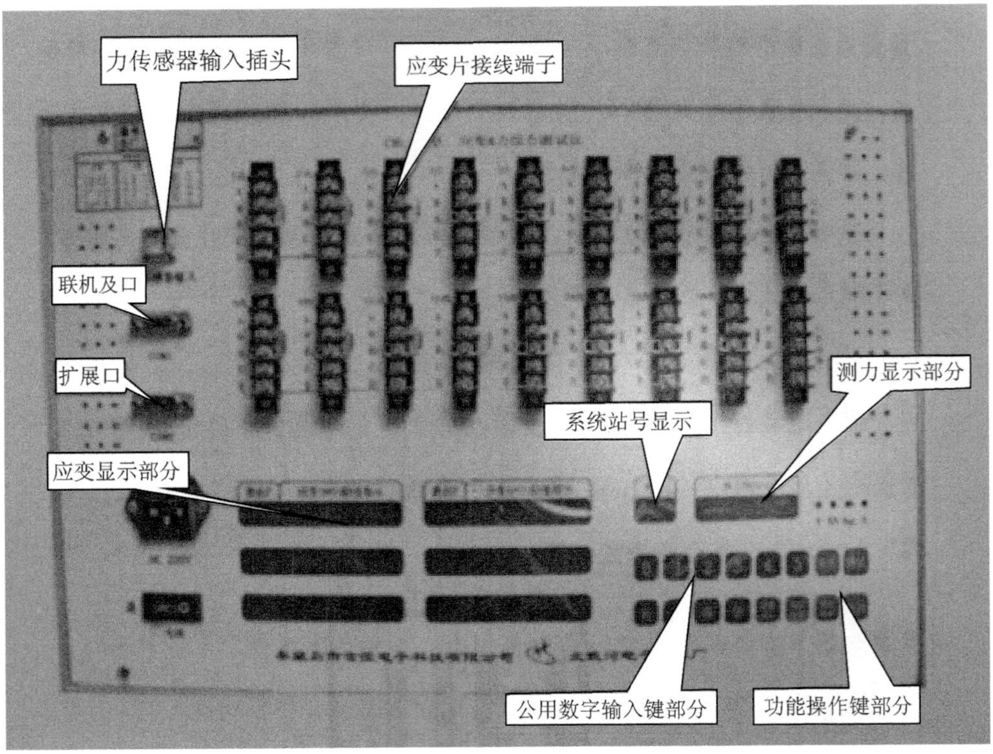

图 3.9　CML－1H 型应变与力综合测试仪结构示意图

三、应变仪技术指标

1. 测量点数：每台机箱 16 个应变通道，1 个测力通道。
2. 量程：±25 000$\mu\varepsilon$，初始不平衡值±25 000$\mu\varepsilon$。

3. 测量精度：测量值的 0.2%±2$\mu\varepsilon$。

4. 测量速度：全部测点进行一次测量时间约 2 s。

5. 漂移：零点漂移(常温室，不考虑桥路影响)<3$\mu\varepsilon$ / 4 h；温漂<1 $\mu\varepsilon$ /℃。

6. 应变计灵敏度系数：可同时计算弹性范围内的单、双、三向应力。

7. 仪器使用的温、湿度条件：温度为 5～40 ℃；湿度<80%。

8. 电源：AC220 V±10%，50 Hz。

四、应变仪使用说明

1. 应变片与仪器的连接

仪器机箱共分为 2 组，每组 8 个测点，一个公共补偿端子用于单臂(即 1/4 桥)及半桥测量，即："1 组"1～8 点、"2 组"9～16 点。每组示意图如图 3.10 所示。

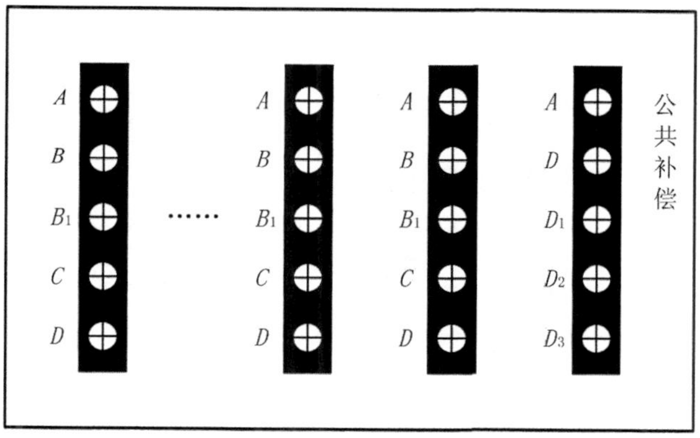

图 3.10　测点接线排

每组测点组成同一种电桥的接线方式如图 3.11、图 3.12、图 3.13 所示。

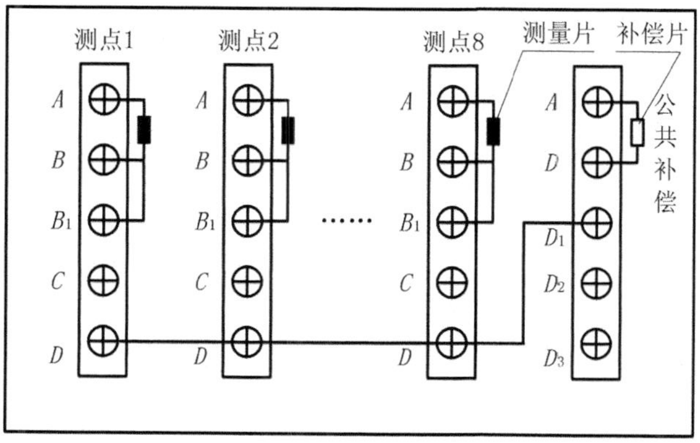

图 3.11　1/4 桥接线方法

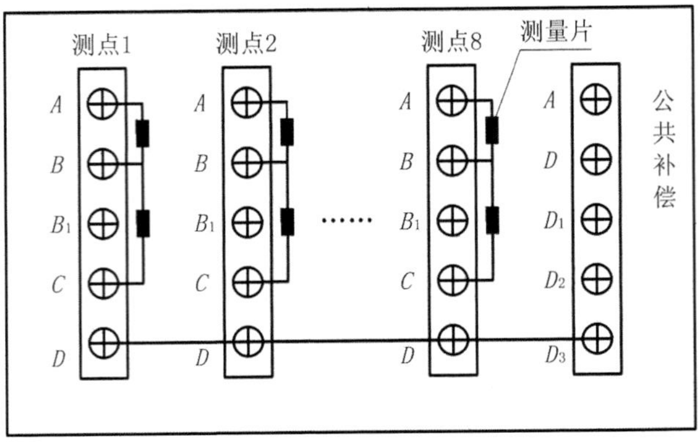

图 3.12　半桥接线方法

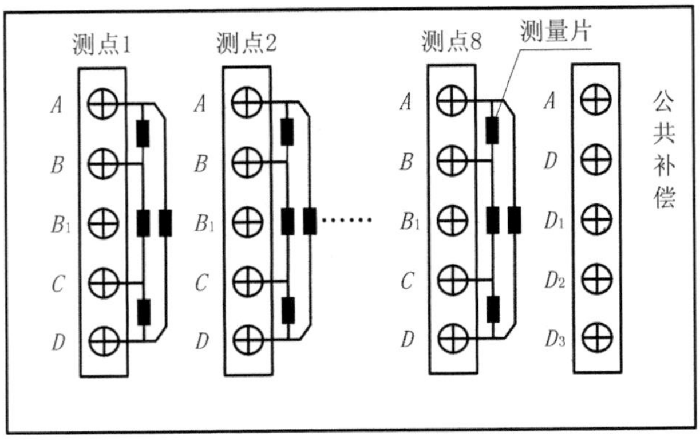

图 3.13　全桥接线方法

2. 系统检查

应变片连接经检查无误后方可通电，观察每个测量点显示不平衡数值并且示数稳定时，表示此点连接正确。出现大的不平衡数值或示数不稳时，应查明应变片或导线是否断、短路或其它异常情况，根据具体情况排除故障。

3. 操作说明

1）按键功能

数字键(0～9)的功能：数字键主要用于显示数据采集通道的切换及应变片灵敏度系数 K 值大小的设置及测力标定。

功能键共 6 个键，即功能换挡键、K 值设定测量键、应变清零键、应力清零键、标定及确定键、返回键。

接通电源开机后，系统机号显示 01，单击“确定”后，进入测量界面，应变窗口显示测点号及其初始应变值。

应变窗口显示分为测量界面、K 值修正界面。测力窗口显示分为测量界面、测力标定界面。

2）按键的操作

（1）切换显示测点

通过数字键1、2、3来实现测点切换。如由键盘输入1，则窗口显示1～6测点应变；输入2，则窗口显示7～12测点应变；输入3，则窗口显示13～16测点应变。

（2）K值修正

当应力窗口显示测量界面时，按“K值设置”键将窗口显示切换为K值修正界面，查看或修正K值，即：由数字键的输入对当前通道K值进行修改。比如：当前K值为2.000，若操作者输入四位数，如1999，则窗口K值指示修正为1.999，完成对应变片K值的设置，按“确定”键保存对该通道K值修正，并自动切换到下一通道；若按“K值设置”键则将16通道K值统一修改为与当前测点相同K值1.999并自动保存退回测量界面；按“返回”键返回测量界面不对设置进行保存。

应变值与K值显示最显著的差别是显示应变时6个窗口显示测点和测量值，而K值则只有处于当前设置的通道有K值显示，其他窗口显示测点号和横杠。

（3）应变清零

按“应变清零”键，对所有应变测点进行清零。

（4）应力清零

按“应力清零”键，对所有传感器输入通道清零。

（5）传感器标定

按“标定”键可以标定测力通道所接传感器参数，即传感器满量程和灵敏度系数。

① 设置传感器单位，按面板上的“标定”键，这时测力数字窗口左数第一位显示L，在此种状态下前面板上数字键1～4与单位指示灯t、kN、kg、N顺序对应，根据传感器的单位按对应的数字键，面板上对应的单位指示灯变亮，按“确定”键，对设置保存，测力数字窗口左数第一位显示的L值消失，传感器单位设置完成；这时测力数字窗口左数第一位显示H，右侧四位显示满度值。

② 设置传感器满量程。输入传感器的量程值，如100 N，直接按数字键1、0、0即可，按“确定”键，保存设置。

③ 设置传感器的灵敏度。这时数字表上显示带小数点的四位数，这时输入传感器灵敏度系数，如1.988 mV/V，直接按数字键1、9、8、8即可（注意一定要输全四个数字），按“确定”键存入仪器内存中后，返回测量状态，全部标定设置工作完成。

以上三步标定过程都可以按“返回”键，放弃标定操作直接返回测量界面。

3）测　量

连线接好后打开电源，直接点击“确定”键。

应变窗口左部1～2位显示测点位置，第3位显示正负号，第4～8位显示应变值或应变片灵敏度系数K值。预热15分钟，检查每个测量点初始不平衡数值，如是较小不平衡数值并稳定时，表示此点连接正确。出现大的不平衡数值或数字“E”时，应查明应变片或导线是否断、短路或其他异常情况，根据具体情况排除故障。经此检查正确，并对各通道清零后给测试试件加载，加载结束后按数字键1、2、3切换显示测点值。

五、测力仪使用说明

1. 传感器与仪器的连接

仪器面板上部左侧装有一个 5 芯航空插头座，用于应变式拉压力传感器与仪器的连接。一般力学实验采用柱式或 S 型传感器，从接线上一般分为四线、六线制接法。航空插头座示意图如图 3.14 所示。

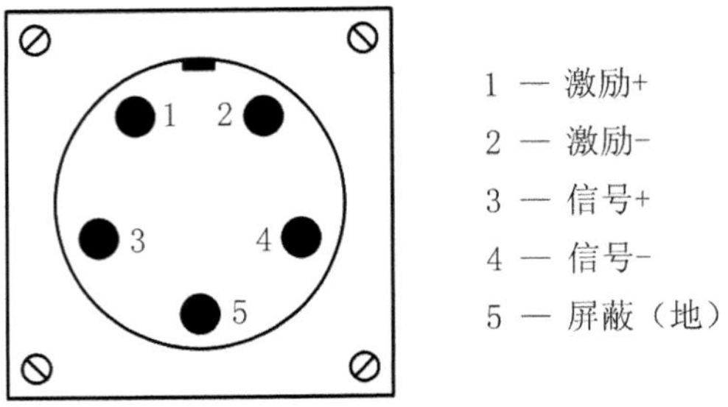

图 3.14 航空插头座示意图

(1) 测力仪 5 芯航空插头接线定义

四线制接法：	六线制接法：
激励＋	激励＋　反馈＋
激励－	激励－　反馈－
信号＋	信号＋
信号－	信号－
屏蔽(地)	屏蔽(地)

(2) 测力仪 5 芯航空插头接线方法

四线制接法：将传感器的输出线与航空插头的接线端焊接到一起，安装好插头即可。

六线制接法：将传感器的“激励＋”与“反馈＋”两条线绞合到一起，焊接到航空插头的“激励＋”端；将“激励－”与“反馈－”两条线绞合到一起，焊接到航空插头“激励－”端，其它接线与对应序号的接线端焊接起来即可。

2. 传感器与仪器配合使用的标定设置

传感器与仪器第一次连接时必须进行标定设置。通常应变力传感器的生产厂家在出厂合格证(或检测报告)中，提供了传感器满量程、传感器灵敏度指标，以便进行标定设置。

注意：在使用传感器的过程中不应使传感器过载，以免损坏传感器；同时在标定时注意满量程的单位，以便标定时输入。

3. 测　量

仪器面板输入端插入传感器，打开仪器，预热 15 分钟后，按“测力清零”键，窗口显示值为 0，测量即可开始。对传感器施加拉压力时，窗口显示值即为测量到的力值，拉力指示为正，压力指示为负，当载荷超出传感器满度值 10%时仪器报警。

六、注意事项

1. 仪器应尽可能在 0～40 ℃的温度环境中使用，避免阳光强烈照射。

2. 尽量远离磁场源（电机、大变压器），减小仪器干扰，并避免静电干扰及对元器件的损害。

3. 测量片与温度补偿片的阻值尽量选用一致，所用的连接导线直径和长度相同，这样便于平衡。

4. 测量片与补偿片不受阳光暴晒、高温辐射的影响，补偿片应粘贴在与试件相同的材料上，与测量片保持同样的温度，应变片对地绝缘电阻应在 500Ω 以上。

5. 测量过程中不得移动测量导线。

3.5　静态电阻应变仪

一、概　述

XL－2101B3静态电阻应变仪广泛用于工程结构及材料任意点变形的实验应力分析，配接压力、拉力、扭矩、位移和温度传感器，对其物理量进行测试。该机控制模式时采用LED显示当前测点序号及测得的应变值，测点切换采用键盘控制真空密封继电器程控完成；计算机外控模式时，可通过连接计算机与相应软件组成一套静态应变测量虚拟仪器测试系统。

二、性能特点

1. 数字化设计，操作简单，选配计算机网路接口及软件后，能方便连接微机实现虚拟仪器测试。
2. 组桥方式：1/4、半桥、全桥；1/4桥测量方式设公共补偿接线端子。
3. 内置高精度数据放大器、A/D转换器及高可靠性切换开关，测量准确可靠。
4. 通道切换采用进口真空继电器程控完成，减少因开关氧化引起的接触电阻变化对测试结果的影响。
5. 采用仪器上面板接线方式，接线方便、快捷。

三、技术指标

1. 测量范围：0～±10 000$\mu\varepsilon$。
2. 零点不平衡范围：±5 000$\mu\varepsilon$。
3. 灵敏度系数设定范围：1.00～3.00。
4. 自动扫描速度：1点/3 s。
5. 基本误差：±0.2%F.S.±3个字。
6. 测量方式：1/4桥、半桥、全桥。
7. 零点漂移：±3$\mu\varepsilon$/4 h；±1$\mu\varepsilon$/℃。
8. 桥压：DC2V。
9. 分辨率：1$\mu\varepsilon$。
10. 测点数：16点。
11. 显示：8位LED——2位测点序号、6位测量应变值。
12. 功耗：约15 W。
13. 电源：AC 220 V(±10%)，50 Hz。

四、操作说明

XL－210101B3静态应变仪面板示意图如图3.15所示。

1. 功能按键定义

(1) 自动平衡：对全部测点自动扫描，从01～16进行全部测点的桥路自动平衡（预读数法）。平衡完毕后返回01号测点。

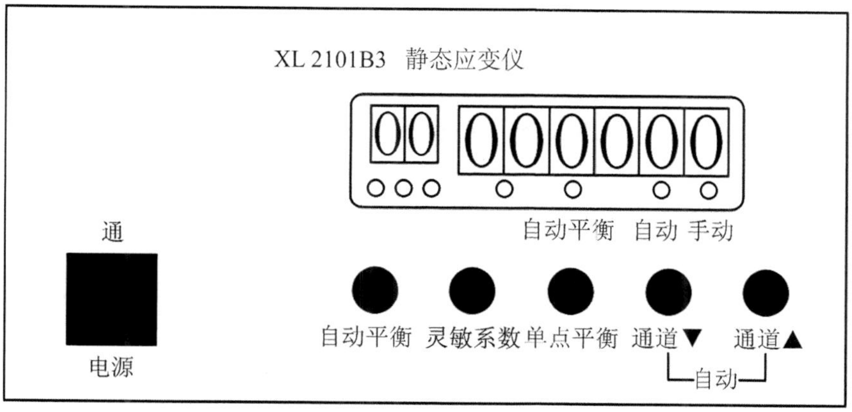

图 3.15　XL－210101B3 静态应变仪面板示意图

(2) 灵敏系数:按该键后进入应变片灵敏度系数修正状态。灵敏度系数设置完毕后自动保存,下次开机时仍生效。

(3) 单点平衡:在手动测量状态,对当前测点进行桥路自动平衡操作。

(4) 通道▼:在手动测量状态,按键一次,当前测点序号减 1,并显示对应测点的应变值。

(5) 通道▲:在手动测量状态,按键一次,当前测点序号增 1,并显示对应测点的应变值。

2. 工作状态指示灯定义

(1) 自动平衡:在所有测点进行桥路自动平衡时被点亮。

(2) 自动:在进行自动扫描状态时被点亮。

(3) 手动:在仪器手动测量状态时被点亮。

五、应变片与仪器的连接

应变片与仪器的连接同 CML－1H 型应变与力综合测试仪相似,这里不再叙述。

六、灵敏度系数设置

1. 确认接线无误后,打开电源开关,根据粘贴应变片的灵敏度系数设定仪器灵敏度系数。仪器前面板上的 4 个功能键在灵敏度系数设定状态下被重新定义,如表 3.1 所列。

表 3.1　灵敏度系数设定状态下功能键的定义

测量状态	灵敏度系数设定状态
自动平衡	放弃灵敏度系数的修改,并退出系数设定状态,返回测量状态
灵敏系数	存储当前设定的灵敏度系数(1.00～3.00),如所设系数未超出范围,则新灵敏度系数生效,并返回测量状态
通道▼	从左到右循环移动闪烁位
通道▲	循环递增从 0～9 闪烁位数值,到 9 后,再按则该位数值变为 0

2. 按前面板“灵敏系数”键后，仪器显示 SETUP。闪烁三次后进入修改灵敏度系数状态。灵敏度系数设定范围为 1.00～3.00。

3. 修改灵敏度系数时，使用“通道▼”键可移动当前闪烁位，按“通道▲”键可修改当前闪烁位的数值。修改完毕，按下“灵敏系数”键，新灵敏度系数将生效；按下“自动平衡”键则放弃修改数据。设置完毕，仪器返回手动测试状态。

注意：灵敏度系数设置功能只能在仪器的手动测试状态进行。

七、测　量

1. 仪器预热 20 分钟后，即可进行测试。

2. 在手动状态下，按“自动平衡”键，可进行所有测点的桥路自动平衡。此时，通道显示从 01 依次递增到 16，自动平衡指示灯同时点亮。完成自动平衡后，仪器返回手动状态 01 号测点。在测量中，如某测点桥路零点漂移，可在手动状态下按“单点平衡”键可对当前测点进行平衡。

注意：因“自动平衡”键将对所有通道依次扫描进行平衡，故为避免误操作，应按住该键三秒钟以上，系统才会进行自动平衡。

3. 手动状态时，按“通道▲”、“通道▼”键，仪器进行单步测量，按键一次或增或减当前通道序号，同时 LED 显示按键处理后的通道号和应变值。

4. 同时按下“通道▲”、“通道▼”键，仪器“自动”指示灯亮，从当前测点开始进行循环测量。退出“自动测量”状态时按“灵敏系数”键返回手动测量状态。

5. 当显示屏显示“————”时，表示当前测点输入过载或平衡失败，请检查应变片是否损坏及接线是否正确。

八、注意事项

1. 仪器应尽可能在 0～40℃的温度环境中使用，避免阳光强烈照射。

2. 尽量远离磁场源（电机、大变压器），减小仪器干扰，并避免静电干扰及对元器件的损害。

3. 测量片与温度补偿片的阻值尽量选用一致，所用的连接导线直径和长度相同，这样便于平衡。

4. 测量片与补偿片不受阳光曝晒、高温辐射的影响，补偿片应粘贴在与试件相同的材料上，与测量片保持同样的温度，应变片对地绝缘电阻应在 500Ω 以上。

5. 测量过程中不得移动测量导线。

3.6　材料力学多功能实验台

该实验台是将多个单项材料的力学实验集中在一个试验台上进行，是一套小型组合实验装置。实验台可完成纯弯曲梁正应力实验、材料弹性模量及泊松比测定、偏心拉伸实验、弯扭组合受力分析、压杆稳定实验、超静定梁实验、电阻应变片灵敏度系数标定等实验内容。

一、构造及工作原理

1. 实验台构造

实验装置结构如图 3.16 所示。实验装置主要由方型框架、蜗轮蜗杆传动装置、传感器、转动手柄、各类试验组件等组成。

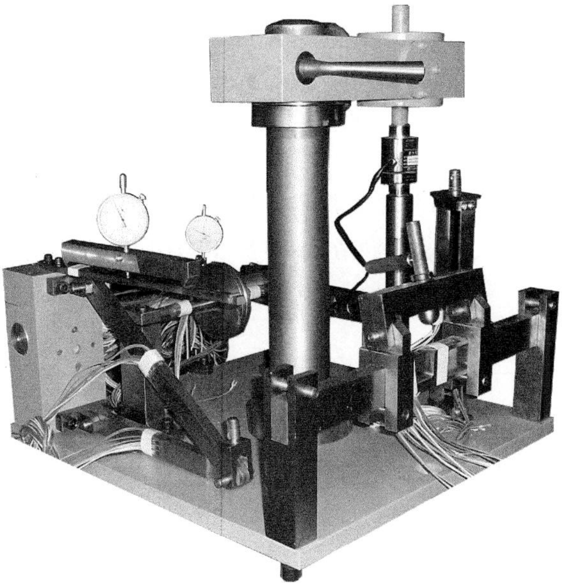

图 3.16　材料力学多功能实验台

2. 加载原理

加载机构为内置式，采用蜗轮蜗杆及螺旋传动的原理。在对轮齿不产生破坏的情况下，对试件进行施力加载，该加载机构由两种机械机构组合在一起，将手轮的转动变成了螺旋千斤加载的直线运动，操作省力，加载稳定。

3. 工作原理

实验装置采用蜗轮蜗杆和螺旋复合加载机构，通过传感器及过渡加载附件对试件进行施力加载，加载力大小经拉压力传感器由应变与力综合测试仪的测力部分测出所施加的力值；各试件的受力变形，通过应变与力综合测试仪的测试应变部分显示出来。该测试仪器有微机接口，数据可由计算机分析处理后打印输出。

二、操作步骤

1. 所做实验的试件通过有关附件与实验装置相应位置连接，拉压力传感器和加载件与加载机构连接。

2. 传感器电缆线连接到仪器传感器输入插座，应变片引出线连接到仪器的各个通道接口。

3. 打开仪器电源，预热约 20 min，输入传感器量程及灵敏系数和应变片灵敏度系数，在不加载的情况下将测力值和应变值调零。

4. 在初始值以上对各试件进行分级加载，缓慢均匀转动手轮，记录各级力值和试件产生的应变值。

三、注意事项

1. 每次实验先将试件安装好，仪器接通电源，打开仪器预热约 20 min。

2. 各项实验所加终载荷不超过规定的终载荷的最大拉压力。

3. 加载机构作用行程为 50 mm，手轮转动快到行程末端时应缓慢转动，以免损坏有关定位件。

4. 所有实验进行完毕后，应释放加力机构，以免损坏传感器和有关试件。

5. 蜗杆加载机构每半年或定期加润滑油，避免干磨损，影响其使用寿命。

附录 常用力学符号、性能名称新旧标准对照表

新标准		旧标准	
符号	性能名称	符号	性能名称
d	圆柱形试样平行长度部分的直径	d_0	圆柱形试样平行长度部分的直径
d_u	圆柱形试样断裂后缩颈处最小直径	d_1	圆柱形试样断裂后缩颈处最小直径
D	管外径	D_0	管外径
L_o	原始标距	l_0	原始标距
L_c	平行长度	l	平行长度
L_u	断后标距	l_1	断后标距
L	试件总长度	L	试件总长度
S_o	原始横截面积	S_0	原始横截面积
S_u	断后最小横截面积	S_1	断后最小横截面积
Z	断面收缩率	Ψ	断面收缩率
A	断后伸长率	δ	断后伸长率
F_m	最大力	F_b	最大力
—	屈服强度(拉伸)	σ_s	屈服点
R_{eH}	上屈服强度(拉伸)	σ_{sU}	上屈服点
R_{eL}	下屈服强度(拉伸)	σ_{sL}	下屈服点
R_m	抗拉强度	σ_b	抗拉强度
F_{eHc}	屈服时的实际上屈服压缩力	—	—
F_{eLc}	屈服时的实际下屈服压缩力	F_{sc}	屈服压缩力
F_{mc}	最大实际压缩力	F_{bc}	最大压缩力
R_{eHc}	上压缩屈服强度	—	—

附录续表

新标准		旧标准	
符号	性能名称	符号	性能名称
R_{eLc}	下压缩屈服强度	σ_{sc}	压缩屈服点
R_{mc}	抗压强度	σ_{bc}	抗压强度
—	屈服扭矩	T_s	屈服扭距
T_{eH}	上屈服扭矩	T_{sU}	上屈服扭距
T_{eL}	下屈服扭矩	T_{sL}	下屈服扭距
T_m	最大扭矩	T_b	最大扭矩
ϕ	扭角	φ	扭角
W	截面系数	W_t	截面系数
G	剪切模量	G	剪切模量
—	屈服强度(扭转)	τ_s	屈服点
τ_{eH}	上屈服强度(扭转)	τ_{sU}	上屈服点
τ_{eL}	下屈服强度(扭转)	τ_{sL}	下屈服点
τ_m	抗扭强度	τ_b	抗扭强度

注:上述表中所列出的仅是本书中所涉及的力学符号和性能名称。

参考文献

[1] 秦莲芳.材料力学实验指导(内部讲义).沈阳:沈阳航空航天大学,2013.

[2] 金保森,卢智先.材料力学实验.北京:机械工业出版社,2003.

[3] 邢世建.材料力学实验.重庆:重庆大学出版社,1998.

[4] 刘鸿文.材料力学. 北京:高等教育出版社,2010.

[5] GB/T 228－2002《金属材料　室温拉伸试验方法》.

[6] GB/T 7314－2005《金属材料　室温压缩试验方法》.

[7] GB/T 10128－2007《金属材料　室温扭转试验方法》.